Katharina Brandl

Möglichkeiten zur Gewaltprävention in der Altenpflege

Eine Herausforderung für die Ausbildung

D1731635

Bonner Schriftenreihe „Gewalt im Alter"

Band 12

Bibliografische Information Der Deutschen Bibliothek

Die Deutsche Bibliothek verzeichnet diese Publikation in der Deutschen Nationalbibliografie; detailierte bibliografische Angaben sind im Internet über http://dnb.ddb.de abrufbar.

Bonner Schriftenreihe „Gewalt im Alter", Band 12
1. Auflage 2005

Mabuse–Verlag GmbH
Kasseler Str. 1a
60486 Frankfurt am Main
Tel.: 069–70 79 96 0
Fax: 069–70 41 52
www.mabuse-verlag.de

Logo: Ideal Werbeagentur GmbH, Bonn
Druck: Eigendruck
ISBN 3-938304–27-8
Printed in Germany

Zur Schriftenreihe

In der Bonner Schriftenreihe „Gewalt im Alter" werden zum Problembereich „Gewalt im Alter" Tagungen und Fachveranstaltungen dokumentiert sowie diesbezügliche wissenschaftliche Arbeiten veröffentlicht. Neue Erkenntnisse über diesen Problembereich sollen durch diese Schriftenreihe der Fachwelt leichter und rascher zugängig sowie für die Praxis nutzbar gemacht werden.

Diese Schriftenreihe hat die Aufgabe übernommen:
- Fachtagungen zu dokumentieren: Diese spiegeln nicht nur Themen, Trends und Theorien wieder, sondern wirken innovativ. Tagungen werden jedoch verständlicherweise nur von einer begrenzten Teilnehmerzahl besucht. Die vermittelten Informationen werden sehr verdichtet angeboten und können wegen der Kürze der Zeit kaum ausreichend verarbeitet werden. Daher soll diese Schriftenreihe allen Interessierten eine Teilnahme an der Weiterentwicklung dieser Themenbereiche ermöglichen.
- Wissenschaftliche Arbeiten (z.B. Diplomarbeiten, Dissertationen) zu veröffentlichen: Diese fördern die Verbreitung wissenschaftlicher Erkenntnisse und führen zu einem vertieften Verständnis dieses derzeit noch zu wenig in der Wissenschaft verankerten Themas.

Erfreulicherweise ist die Nachfrage nach den bisherigen Publikationen dieser Schriftenreihe sehr groß. Auch die zunehmenden fachlichen und öffentlichen Diskussionen über „Gewalt im Alter" lassen vermuten, dass sich die Einstellungen zu diesem bisher kaum beachteten Problembereich - wenn auch langsam - zu verändern beginnen.

In diesem Band beschreibt Frau Dr. Katharina Brandl aus Eibelstadt sehr detailliert und ausführlich die Möglichkeiten der Prävention von Gewalt in der Altenpflege und wie dieser Themenkomplex im Rahmen der Altenpflege-Weiterbildung eingebracht werden kann. Sie bezieht sich dabei u.a. auch auf eine eigene Untersuchung. Diese Arbeit wurde als Diplomarbeit im Aufbaustudium Psychogerontologie der Friedrich-Alexander-Universität Erlangen-Nürnberg angenommen. Wir danken dem Vorstand des Instituts für Psychogerontologie, Herrn Univ.-Prof Dr. W. D. Oswald für die Genehmigung zur Veröffentlichung dieser Arbeit in unserer Schriftenreihe.

Rolf D. Hirsch   Marita Halfen   Peter Flötgen

Inhaltsverzeichnis

1. Theoretische Begründung des Themas

1.1. Einleitung

Das Thema Gewalt im Alter rückt in den letzten Jahren verstärkt in das Bewusstsein der Öffentlichkeit. Besonders das Thema Gewalt in stationären Einrichtungen der Altenhilfe wird in Fernsehbeiträgen und Zeitungsberichten aufgegriffen, wobei es sich häufig um skandalisierende Sensationsberichte handelt. Damit wird zwar eine gewisse öffentliche Aufmerksamkeit erreicht, systematische Untersuchungen und wissenschaftliche Aufarbeitung waren aber die Ausnahme. Erst in letzter Zeit werden differenzierte Fachartikel und wissenschaftliche Publikationen zu dem Thema Gewalt zahlreicher, die einer kritischen Überprüfung standhalten (Hirsch, 2001).

Aufgrund der demographischen Entwicklung werden in Zukunft in erhöhtem Umfang hochaltrige, pflegebedürftige Menschen und Menschen mit gerontopsychiatrischen Erkrankungen zu versorgen sein. Da die Pflege in stationären Einrichtungen bei schwindenden Ressourcen im medizinisch-pflegerischen Bereich unter ökonomischen Druck geraten wird, ist zu befürchten, dass das Thema Gewalt in der Pflege auch aus diesem Grund an Brisanz gewinnen wird. Es ist daher sinnvoll, sich unter präventiven Aspekten damit auseinanderzusetzen, wie Gewalt in der Pflege begegnet werden kann. Die Diskussion dieser brennenden Frage führt zu einer Vielzahl von sehr unterschiedlichen Lösungsansätzen. Vorgeschlagen werden Ansätze auf politischer, gesellschaftlich-struktureller, institutioneller und personaler Ebene. Ein Teilaspekt dieser Frage ist, wie Gewaltprävention schon in die Ausbildung der zukünftigen Altenpfleger integriert werden kann.

Die Professionalisierung in den Pflegeberufen unterliegt einem steten Wandel und einer ständigen Anpassung an neue Aufgabenfelder unter Einbeziehung neuer Erkenntnisse aus der Pflegeforschung. Für die Ausbildung zum staatlich geprüften Altenpfleger/ zur staatlich geprüften Altenpflegerin besteht seit dem 25. Oktober 2002 ein neues, bundeseinheitliches Gesetz über die Berufe in der Altenpflege. Hier bietet sich die Chance, Lernziele und Lerninhalte unter dem expliziten und immanenten Gesichtspunkt der Gewaltprävention zu formulieren und zu gestalten.

1.2. Gewalt im Alter

Gewalt ist ein vielschichtiges, mehrdimensionales Phänomen, das prozesshaft in den verschiedensten Lebensbereichen vorkommt. Um die vielfältigen Möglichkeiten und Erscheinungsformen von Gewalt in der Pflege betrachten zu können, soll zunächst eine kurze Begriffsdefinition versucht werden.

1.2.1. Der Begriff Gewalt

Der Begriff Gewalt wird einerseits im Sinne von „Macht", „Kraft" gebraucht, z.B. in „Naturgewalt", andererseits im Sinne von „Zwang", z.B. „Gewalt gegen Alte" (Kranich, 1998). Im juristischen Sprachgebrauch kommt Gewalt z.b. im Verfassungsrecht („staatliche Gewalt", „Waffengewalt", „Gewaltentrennung"), im Zivilrecht („Schlüsselgewalt", „elterliche Gewalt") und im Strafrecht („Vergewaltigung", „nötigende Gewalt") vor. (Meyers großes Taschenlexikon, 1987; Hirsch 1997; S.376).

In den Sozialwissenschaften existiert kein einheitliches Verständnis vom Begriff Gewalt. In einer eng gefassten Begriffsbestimmung von M. Dieck wird Gewalt auf eine konkrete schädigende Handlung reduziert:

„Gewalt wird verstanden als eine systematische, nicht einmalige Handlung oder Unterlassung mit dem Ergebnis einer ausgeprägten negativen Einwirkung auf die Befindlichkeit des Adressaten. Eine einmalige Handlung/Unterlassung muss sehr gravierende Negativfolgen für den Adressaten haben, soll sie unter dem Begriff Gewalt subsummiert werden können." (Dieck, 1987; S. 311).

Umfassender möchte U. Ruthemann Gewalt aus der Sicht des Opfers definiert wissen:

„Es wird immer dann von Gewalt gesprochen, wenn eine Person zum „Opfer" wird, d.h. vorübergehend oder dauernd daran gehindert wird, ihrem Wunsch oder ihren Bedürfnissen entsprechend zu leben. Gewalt heißt also, dass ein ausgesprochenes oder unausgesprochenes Bedürfnis des Opfers mißachtet wird. Dieses Vereiteln einer Lebensmöglichkeit kann durch eine Person verursacht sein (personale Gewalt) oder von institutionellen oder gesellschaftlichen Strukturen ausgehen (strukturelle Gewalt). Bei der personalen Gewalt erscheint darüber hinaus die Unterscheidung wichtig zwischen aktiver

Gewaltanwendung im Sinne der Mißhandlung, und passiver Ge-
waltanwendung im Sinne der Vernachlässigung. (Ruthemann, 1993;
S. 14)
In diesem Sinne der vereitelten Lebensmöglichkeiten fasst auch Galtung den Gewaltbegriff sehr weit:

„Ich begreife Gewalt als vermeidbare Beeinträchtigung grundlegender
menschlicher Bedürfnisse oder, allgemeiner ausgedrückt, des Le-
bens, die den realen Grad der Bedürfnisbefriedigung unter das herab-
setzt, was potentiell möglich ist. Die Androhung von Gewalt ist eben-
falls Gewalt" (Galtung, 1993; S. 53)
Und an anderer Stelle:

„Gewalt liegt dann vor, wenn Menschen so beeinflusst werden, dass
ihre aktuelle somatische und geistige Verwirklichung geringer ist als
ihre potentielle Verwirklichung." *(Galtung, 1993).*
Während Galtung prospektiv die Beeinträchtigung von Bedürfnissen
und Einschränkung potentieller Möglichkeiten betont, wird der Begriff
Gewalt im 4. Bericht zur Lage der älteren Generation im Rahmen der
engeren Begriffsbestimmung definiert und stärker unter dem Gesichtspunkt der Folgen begriffen:

„Sie (Gewalt) *umfasst jene Handlungen und Unterlassungen, die*
gravierende negative Auswirkungen auf die Lebenssituation und
Befindlichkeit des älteren Menschen haben." (Bundesministerium für
Familie, Senioren, Frauen und Jugend, 2002; S. 133)

Welche „negative Auswirkung" als „gravierend" einzustufen ist, lässt
interpretativen Spielraum, der seinerseits nach einer Eingrenzung
verlangt. Hirsch gibt eine sehr weit gefasste Definition, die geeignet
ist, einen Skandalisierungseffekt zu vermeiden:

„Gewalt (ist) *als eine vermeidbare Beeinträchtigung menschlicher*
Grundbedürfnisse zu sehen." (Hirsch, 2001; S. 3)

In der vorliegenden Arbeit wird der erweiterte Gewaltbegriff zugrunde
gelegt, weil er eine möglichst umfassende Betrachtung der unterschiedlichen Ausdrucksformen von Gewalt in der stationären Altenpflege ermöglicht.

Wie bei Ruthemann schon angeklungen ist, ist es sinnvoll, verschiedene Formen von Gewalt zu unterscheiden. Gerade die Frage,
welche Beeinträchtigung vermeidbar ist und welche nicht, muss für
die unterschiedlichen Formen von Gewalt berücksichtigt werden.

1.2.2. Formen von Gewalt

Um den systematischen Zusammenhang der Gewaltformen darzustellen, hat Galtung bildhaft ein „Gewaltdreieck" beschrieben:

- Eine Spitze des Dreiecks bildet die kulturelle Gewalt. Zu den Grundlagen der kulturellen Gewalt zählt Galtung *„jene Aspekte von Kultur, die dazu benutzt werden können, direkte oder strukturelle Gewalt zu rechtfertigen oder zu legitimieren."* (Galtung 1993;S. 52). Das können z.b. der Gesellschaft immanente religiöse Wertvorstellungen, Ideologien und Wertesysteme, naturwissenschaftliche „Fakten" und Sichtweisen sein, die eine allgemeine Vorannahme darüber begründen, welche Berechtigung Gewalt in bestimmten Lebenssituationen hat.

  Die Grundlage der kulturellen Gewalt ist damit eine nahezu invariante, d.h. schwer zu verändernde, dauerhafte Größe, die als Basis für das Ausmaß der Gewalt in einer Gesellschaft allgemein wirksam wird. Für die Pflegebeziehung spielen das Menschenbild, die Vorannahmen über das Alter, das Selbstverständnis über die professionelle Rolle und Aufgabe als Pflegekraft, sowie die individuellen Varianten unterschiedlicher Wertvorstellungen eine wichtige Rolle.

- Eine weitere Spitze des „Gewaltdreiecks" nimmt die strukturelle Gewalt ein. Strukturelle Gewalt ist indirekt und wirkt prozesshaft mittels gesetzter Regeln, Vorschriften, festgelegten institutionellen Abläufen und starren Verfahrensweisen. In der Pflegebeziehung wird strukturelle Gewalt sowohl gegen das Pflegepersonal (z.B. „vermeidbare" Arbeitsplatzbelastungen, Personalknappheit, bauliche Mängel und unzureichende Ausstattung) als auch gegen die Bewohner („vermeidbarer" Anpassungsdruck durch Reglementierung, bauliche Unzulänglichkeit, Massenbetrieb.) wirksam. (Kruse, Schmidt, 1999). *„Obwohl strukturelle Gewalt nur indirekt zu sehen oder zu spüren ist, kann strukturelle Gewalt personale Gewalt an Gewalttätigkeit übertreffen"* (Meyer, 1998; S. 55; Galtung,1975). Grond formuliert sehr anschaulich, dass strukturelle Gewalt bedeutet, *„dass keiner Verantwortung zu übernehmen bereit ist für die unfreiwillige Heimeinweisung, für die strenge Heimordnung, für Heimprinzipien wie Ruhe und Sauberkeit und Kosten sparende Versorgung, für den Entzug von Entscheidungsfreiheit, von Aufgaben, von Privatheit und Anerkennung, für finanzielle Ausbeutung, für manche Fehlernährung,* *für die Hektik, für den Pflegenotstand, für ökologische Ausstattungsmängel oder für eine psychiatrische Vernachlässigung"* (Grond, 1994; S. 140)

- Die dritte Spitze des „Gewaltdreiecks" nimmt die personale Gewalt ein. Personale Gewalt geht direkt von einer Person aus und wendet sich gegen eine Person, die so zum Opfer wird. (Galtung, 1975; S.9ff, Meyer, 1998,). Sie kann verdeckt sein oder offen zu Tage treten und steht dann stärker im Blickpunkt der Aufmerksamkeit als die strukturelle oder kulturelle Gewalt. Personale Gewalt manifestiert sich als Vernachlässigung oder als Mißhandlung (Ruthemann, 1993):

- Vernachlässigung

Dieck versteht unter Vernachlässigung *„die Unterlassung von Handlungen, die situationsadäquat wären im Sinne des erkennbaren Bedarfs oder expliziten Wunsches des Adressaten dieser Nicht-Handlung, wobei die Unterlassung bewusst oder unbewusst aufgrund unzureichender Einsicht/ unzureichenden Wissens erfolgt"* (Dieck, 1987; S. 311). Weiter spricht Dieck von *„passiver Vernachlässigung"*, wenn die Bedarfssituation nicht erkannt wurde oder das Hilfspotential nicht in ausreichendem Umfang zur Verfügung stand. Unter *„aktiver Vernachlässigung"* will sie die bewusste Verweigerung einer Handlung verstanden wissen, die dem erkennbaren Bedarf der vernachlässigten Person entsprochen hätte. (Diek, 1987). Dieck hat diese Unterscheidung im Kontext der familiären Pflegesituation getroffen, sie ist aber meiner Auffassung nach auch auf die stationäre Pflege übertragbar. Auch hier ist es möglich, dass eine Bedarfssituation nicht erkannt wird, z.B. der Wunsch nach Zuwendung, oder dass Hilfspotential nicht ausreichend zur Verfügung steht, z.B. eine Begleitperson für einen Spaziergang. Von aktiver Vernachlässigung kann man sprechen, wenn eine Pflegekraft die Möglichkeit hätte, dem erkannten Bedarf gemäß zu handeln, es aber nicht tut, z.B. Versorgung mit Inkontinenzprodukten aus arbeitsökonomischen Gründen, obwohl bei regelmäßiger Begleitung zur Toilette diese über-flüssig wären und auch nicht dem Wunsch der zu pflegenden Person entsprechen.

- Misshandlung

Unter Mißhandlung versteht Dieck ein *„aktives Tun, das den Adressaten dieser Handlung in seiner Befindlichkeit in spürbarer Weise negativ berührt bzw. seinem expliziten Wunsch deutlich widerspricht"* (Dieck, 1987; S. 311*)*. Meines Erachtens muss dieser Erklärung der oben schon genannte Aspekt der „Vermeidbarkeit" hinzugefügt werden.
Die Mißhandlung alter Menschen kann sich auf unterschiedliche Weise manifestieren. Eine Möglichkeit, die Vielfalt der Mißhandlungsaspekte überschaubar zu machen, bietet die Einteilung in die Kategorien: körperliche, psychische, soziale und rechtliche Mißhandlung. (Vergl. Kranich; 2000, S. 57)

- Zu körperlicher Mißhandlung müssen z.b. gezählt werden:
  - Tätliche Angriffe, die zu inneren oder äußeren Verletzungen führen, Tötung
  - Sexueller Mißbrauch und Vergewaltigung
  - Vermeidbare Fixierung, „Ruhigstellung" durch Medikamente
  - Vorenthalten medizinischer Diagnostik und Therapie
  - Mangelhafte Strukur- und Prozessqualität in der Pflege
- Psychische Mißhandlung kann sich z.b. äußern durch:
  - Demütigungen wie Beschämung, Bloßstellung, Beschimpfung, Beleidigung
  - Einschüchterung, Drohen, Angst machen, Verunsichern, Aufregen
  - Manipulation durch Zurückhalten oder Verfälschen von Informationen
  - Entzug von Aufmerksamkeit und Zuwendung, Nicht-Beachtung
- Mißhandlungen, die die sozialen Aspekte betreffen, können z.B. sein:
  - Erzwungener Rückzug, Isolation, Verweigerung der Möglichkeit zu Sozialkontakten,
  - Mangelnde Privatsphäre, beschämende Pflege ohne Wahrung der Schamgrenze
  - Ungeeignete Beaufsichtigung, Deprivierung
  - Sicherheit vor Lebensqualität, z.B. vorsorgliche Fixierung

- Unangemessene Umgebung, z.B. keine Barriere-
  freiheit
- Erzwungene (vermeidbare) Aufgabe einer selbst be-
  stimmten Lebensführung
- Wie eine Mißhandlung auf rechtlichem Gebiet aussehen
  kann, verdeutlichen folgende Beispiele:
  - Materieller Mißbrauch, Mißwirtschaft bei Eigentums-
    fragen, Eigentum übereignen lassen, Zugang zu Ei-
    gentum sperren
  - Diebstahl von Eigentum oder Verträgen,
  - Erpressung von Eigentum, Verträgen oder Testament
  - Unnötige Betreuung und Versagen der Mitentschei-
    dung über persönliche Belange, Einschränkung des
    freien Willens und der Partizipation.

Bei der Entscheidung darüber, ob Gewalt in Form von Mißhandlung vorliegt, wird das Kriterium der „Vermeidbarkeit" zu
prüfen sein. Hierbei muss besonders darauf geachtet werden,
dass man nicht vorschnell eine Handlung für unvermeidbar
erklärt und unhinterfragt in die Falle der strukturellen Gewalt
gerät. Gerade die professionelle Pflege bewegt sich im
Spannungsfeld zwischen einem medizinisch geprägten pflegerischen Auftrag, der eine scheinbare Unvermeidbarkeit
begründen kann, und der Respektierung des Willens und der
individuellen Bedürfnisse der zu pflegenden Person. Deshalb
muss statt einer vorschnellen Bewertung von Vermeidbarkeit
bzw. Unvermeidbarkeit eine reflektierende Hinterfragung der
zugrunde gelegten Werte und Normen angestrebt werden.

1.2.3. Ansätze zur Gewaltprävention in Pflegeeinrichtungen

Die denkbaren Ansätze zur Verminderung von Gewalt in Einrichtungen der stationären Altenpflege sind so vielfältig und komplex
wie die beschriebenen Ursachen für Gewalt. In diesem Rahmen
sollen einige wesentliche Aspekte aufgezeigt werden.

Kulturelle Gewalt ist als invariante Form der Gewalt einer schnellen
Veränderung nicht zugänglich, dennoch kann durch Aufklärung und
Öffentlichkeitsarbeit ein Beitrag geleistet werden. Beispielsweise
könnten negative Vorannahmen über das Alter, über gerontopsychiatrisch veränderte Menschen und Pflegeheime durch Öffentlichkeitsarbeit abgebaut werden. (Meyer, 1998). Eine Enttabuisierung
des Themas Gewalt gegen alte Menschen könnte den Boden für kon-

krete Verbesserungen schaffen. So können auch Berichte in den Medien, die nicht ausschließlich auf Sensation und Skandalisierung abzielen, einen Beitrag dazu leisten, dass das Thema Gewalt diskutiert wird und eine konstruktive Auseinandersetzung in der Öffentlichkeit bewirkt. Erste Fortschritte hat es bereits gegeben durch die Schaffung von Krisentelephonen für Betroffene und Angehörige sowie Interventions- und Unterstützungsangebote, z.b. „Handeln statt Mißhandeln–Bonner Initiative gegen Gewalt im Alter" (Hirsch, Erkens, 1999).

Ein weiteres lohnendes Feld der Gewaltprävention liegt auf dem Gebiet der strukturellen Gewalt. Hier geht es um den Abbau vermeidbarer Einschränkungen des Handlungs- und Entscheidungsspielraums sowohl der pflegebedürftigen Menschen als auch der Pflegenden. Eine entscheidende Rolle spielen die Rahmenbedingungen der Einrichtungen, wie z.b. Personalschlüssel, Qualifikation des Pflegepersonals, Dienstvorschriften, sowie die Möglichkeit von Fort- und Weiterbildung oder Supervision. (Meyer, 1998; Hirsch, 1997). Auch Veränderungen baulicher Art (z.b. barrierefreie Bauweise mit Liften, die es Bewohnern ermöglichen, selbständig ins Freie oder in einen Garten zu gelangen) und Verbesserungen der Ausstattung (z.b. für eine wohnlichere und anregendere Umgebung unter milieutherapeutischen Gesichtspunkten) können dazu beitragen, strukturelle Gewalt zu vermindern.

Die Möglichkeiten zur Vorbeugung im Bereich personaler Gewalt sind vielfältig und Interventions- und Schulungsmaßnahmen vermeintlich leichter zugänglich als strukturelle Einschränkungen. Persönliche Kompetenz bei der Wahrnehmung und Verarbeitung von Konflikten und Belastungen kann nicht als gegeben vorausgesetzt werden. Es bedarf der angeleiteten Auseinandersetzung mit den Ursachen für Gewalt, dem Erlernen alternativer Interaktionsformen und der Reflexion, um langfristig eine weniger gewaltbelastete Pflegebeziehung zu erreichen. Ein offener Umgang mit dem Thema und die stete Suche nach alternativen Handlungsmöglichkeiten im Pflegeteam kann zu diesem Veränderungsprozess beitragen.(Kruse, et al. 1999, Hirsch, 1997). Eine wichtige Möglichkeit, die Kompetenzen der Altenpflegekräfte im Sinne der Gewaltprävention zu stärken, besteht schon in der Ausbildung. Geringes Wissen und eine geringe fachliche und pflegerische Kompetenz kann zu Fehleinschätzungen, Hilflosigkeit und Überforderung führen, die wiederum den Boden für Gewalt bereiten kann. (Meyer, 1998). Durch die Einbeziehung von geeigneten Inhalten in den Lehrplan für die Ausbildung zum Altenpfleger oder zur

Altenpflegerin könnte eine wirksame präventive Möglichkeit genutzt werden.

1.2.4. Ansätze zur Gewaltprävention in der Altenpflegeausbildung

Bei der Durchsicht der Literatur zeigt sich, dass in Studien zum Thema Gewalt in der Pflege durchweg auch die Forderung nach Verbesserung der Ausbildung sowie nach Fort- und Weiterbildungsangeboten erhoben wird. Fortbildungen richten sich zum Beispiel an ein Stationsteam oder an einzelne Pflegekräfte, die dann Multiplikatoren-Funktion übernehmen sollen. Hierzu gibt es Konzepte und Vorschläge, wie zum Beispiel das Curriculum von HsM „Gegen Gewalt in der Pflege" (Hirsch, 2001, S. 21). Im Unterschied zu Fortbildungen hat man es in der Ausbildung mit angehenden Pflegekräften zu tun, die auf dem Weg zu pflegerischer Professionalisierung sind. Der präventive Ansatz zur Vermeidung von Gewalt muss also sowohl inhaltlich als auch methodisch-didaktisch weiter gefasst werden. Kruse gibt z.B. in einer Untersuchung, die sich mit Konflikt- und Belastungssituationen in stationären Einrichtungen der Altenhilfe und Möglichkeiten ihrer Bewältigung beschäftigt, der Hoffnung Ausdruck, dass ein verbessertes Ausbildungsangebot die Situation auf den Stationen verbessern könnte (Kruse et al., 1992). Knobling formuliert in einer Arbeit über Konfliktsituationen in Altenheimen sehr ausführlich Kompetenzen, die ein Altenpflegeschüler erwerben muss. Sie beschreibt anhand von alltäglichen Pflegesituationen, welchen Ansprüchen die zukünftigen Altenpflegekräfte gerecht werden müssen, und nennt als Globalziel die interaktive Kompetenz mit den Grundqualifikationen Empathie, Ambiguitäts- und Frustrationstoleranz, Rollendistanz sowie moralisches Bewusstsein und Handlungsvermögen (Knobling, 1988). Meyer, die sich mit Gewalt gegen alte Menschen in Pflegeeinrichtungen beschäftigt hat, fordert als Ansatzpunkt zur Gewaltverminderung in der Pflege unter anderem den Erwerb psychischer, sozialer und kommunikativer Kompetenz sowie Konfliktbewältigungsstrategien in der Ausbildung. Ebenso möchte sie Entstehungsmechanismen und Bedingungen von Aggression und Gewalt verstärkt als Gegenstand der Ausbildung sehen (Meyer, 1999; S. 133ff). Fenchel beklagt in einem Aufsatz zur Ausbildungssituation in der Altenpflege, dass die pädagogische und sozial-kommunikative Kompetenz in der gegenwärtigen Ausbildung vernachlässigt werde. Er konstatiert, dass zwar relevante Fachinhalte vermittelt würden, der Transfer zur praktischen Anwendung und zur kritischen Reflexion aber nicht in ausreichendem Maße gelinge. Er fordert eine bundesweit einheitliche Altenpflegeausbildung, die es inzwischen gibt, und die Schaffung eines Curriculums, das den neuen Anforderungen in der Altenpflege gerecht wird (Fenchel, 1999). Insgesamt wird also die Forderung deutlich, das Thema Gewalt in der Pflege explizit zum inhaltlichen Gegenstand in der Pflegeausbildung zu machen. Zu diesem Thema gibt es vereinzelt schon Unterrichtsmaterialien, z.B. vom Ministerium für Arbeit, Gesundheit und Soziales des Landes Schleswig-Holstein (2000). Es bleibt trotzdem die Aufgabe, zu erfassen, welche inhaltlichen Elemente dieses Themas im Lehrplan berücksichtigt werden sollen. Zum anderen wird in der Literatur der Erwerb von Kompetenzen gefordert, die dazu beitragen, in der praktischen Arbeit mit alten Menschen präventiv gegen Gewalt zu wirken. Diese Vorschläge sind zum Teil sehr allgemein gefasst oder beschreiben ein wünschenswertes Ergebnis. Für die Planung von Unterricht, der ja auf einem Lehrplan basiert, ist es von Bedeutung, dass Lerninhalte ausdrücklich benannt und beschrieben werden und nicht allgemeine, mehr oder minder diffuse Grobziele allein die Bearbeitung in der Ausbildung sichern müssen. Es stellt sich also auch hier die Frage, welche Lernziele und Lerninhalte konkret in die verschiedenen Lernfelder bzw. Fächer des Lehrplans für die Altenpflegeausbildung aufgenommen werden sollten.

1.3. Das Thema Gewalt in der Altenpflegeausbildung

1.3.1. Organisation der Fachschule für Altenpflege und Verankerung des Themas Gewalt im Lehrplan (alte Ausbildungsreform bis August 2003)

Die Ausbildung zum staatlich geprüften Altenpfleger bzw. zur staatlich geprüften Altenpflegerin befindet sich derzeit im Umbruch. Bis zum 1.August 2003 fand die Ausbildung in Bayern in einer Fachschule statt. Es bestand die Möglichkeit, die Ausbildung in einem Vollzeitkurs innerhalb von zwei Jahren oder in berufsbegleitender Teilzeitform innerhalb von drei Jahren zu absolvieren. Gemäß dem Bildungsauftrag der Fachschulen galt als Zugangsvoraussetzung eine abgeschlossene Berufsausbildung oder eine adäquate Tätigkeit im privaten Haushalt. Der Besuch der Fachschule für Altenpflege sollte die Schüler befähigen, selbständig und verantwortlich alte Menschen in verschiedenen Einrichtungen der Altenhilfe zu betreuen, zu pflegen und zu beraten (Staatsinstitut für Schulpädagogik und Bildungsforschung: Lehrplan für die Fachschulen für Altenpflege, 2000). Der zugrunde liegende Lehrplan wurde im Mai 2000 vom Bayerischen Kultusministerium genehmigt, er sah insgesamt 1600 Stunden in den theoretischen Fächern und 1400 Stunden im fachpraktischen Übungsbereich vor. Ziel des Unterrichts war, die Schüler zu befähigen, Probleme der berufliche Tätigkeit zu identifizieren und sie als Anlass für altenpflegerische Maßnahmen begründend zu werten. Dabei kam es darauf an, das erworbene Wissen in der Berufssituation anzuwenden, verantwortbare Ziele in Handlungen umzusetzen, Einstellungen rational zu durchdringen und altenpflegerisches Handeln, Ziele und Einstellungen kritisch zu reflektieren und individuell situationsgerecht zu variieren. Die theoretischen Grundlagen wurden in einer klassischen Fächereinteilung vermittelt und zwar mit folgenden Gesamtstundenzahlen:

Psychologie	80
Soziologie	40
Biologie, Krankheitslehre und Arzneikunde	200
Neurologie und Gerontopsychiatrie	120
Berufskunde und Wohlfahrtspflege	60
Rechtskunde	80
Wirtschaftslehre	40
Deutsch und Gesprächsführung	120
Sozialkunde	40
Glaubens- und Lebensfragen, Ethik	40
Altenpflege und Altenkrankenpflege	300
Methodenlehre für die Altenpflege	200
Lebensraum- und Lebenszeitgestaltung	200
Gymnastik	80

Das Thema Gewalt wurde im Lehrplan an verschiedenen Stellen explizit erwähnt: Im Fach Psychologie gab es das Lerngebiet „Wechselwirkungen im Pflegeprozess", das 20 Stunden umfasste. Hier wird der Lerninhalt „Störung der Beziehungsebene durch Gewaltproblematik, wie Vernachlässigung, körperliche/ verbale Aggression, Liebesentzug u.a." aufgeführt. Die Schüler sollten hierbei theoretisch die Wechselwirkungen und möglichen Störungen im Pflegeprozess untersuchen. Da das Lerngebiet insgesamt in sechs Lerninhalte gegliedert war, standen für das genannte Thema nur wenige Stunden zur Verfügung. Im Fach Deutsch und Gesprächsführung waren 20 Stunden für das Lernziel „Formen und Bedingungen der Gesprächsführung" vorgesehen. Ein Unterpunkt sah inhaltlich die Reflexion der eigenen Einstellungen und Grundhaltungen der Schüler vor. Hierbei sollte auch der Abbau von Ängsten und Aggressionen zur Sprache kommen. Es finden sich im Lehrplan keine weiteren ausdrücklichen Lernziele oder Lerninhalte zum Thema Gewalt. Dennoch muss natürlich betont werden, dass das Thema in den Fächern Berufskunde, Altenund Altenkrankenpflege sowie Neurologie und Gerontopsychiatrie angesprochen und im Gesamtzusammenhang von professioneller Pflegebeziehung reflektiert wird.

1.3.2. Bundeseinheitliche Organisation der Berufsfachschule für Altenpflege und die Verankerung des Themas Gewalt

Die bundesweit einheitliche Ausbildungs- und Prüfungsverordnung für den Beruf der Altenpflegerin und des Altenpflegers trat am 1. August 2003 in Kraft (Gesetz über die Berufe in der Altenpflege (Altenpflegegesetz – AltPflG) sowie zur Änderung des Krankenpflegegesetzes vom 17. November 2000, nach einer einstweiligen Anordnung des Bundesverfassungsgerichts ausgesetzt und nach dessen Entscheidung am 24.10.2002 ab 1. August 2003 in Kraft getreten, sowie Ausbildungs- und Prüfungsverordnung für den Beruf der Altenpflegerin und des Altenpflegers (Altenpflege-Ausbildungs- und Prüfungsverordnung – AltPflAPrV vom 26. November 2002)).

Gegenüber der bisherigen bayerischen Ausbildung haben sich einige gravierende Änderungen sowohl formal als auch inhaltlich ergeben. So erfolgt die Ausbildung jetzt in einer Berufsfachschule, die Zugangsvoraussetzung ist ein mittlerer Schulabschluss. Ziel einer Berufsfachschule ist es, ohne eine Berufsausbildung vorauszusetzen, auf eine Berufstätigkeit vorzubereiten und der Allgemeinbildung zu dienen. Sie soll also konkret eine Berufsfähigkeit vermitteln, die Fachkompetenz mit allgemeinen Fähigkeiten methodischer und sozialer Art verbindet. Unter anderem soll die Bereitschaft zur beruflichen Fortund Weiterbildung geweckt werden. Die Ausbildung dauert in Vollzeitform drei Jahre, also ein Jahr länger als die bisherige Ausbildung und umfasst 4600 Ausbildungsstunden. Davon entfallen 2100 Stunden auf theoretischen und fachpraktischen Unterricht und 2500 Stunden auf die praktische Ausbildung in einer Einrichtung der Altenhilfe. Zu den theoretischen und praktischen Inhalten, die das Bundesgesetz vorschreibt, sind vom Kuratorium Deutsche Altenhilfe (KDA) im Auftrag des Bundesministeriums für Familie, Senioren, Frauen und Jugend Materialien für die Umsetzung der Stundentafel erarbeitet worden (Sowinski, Kuratorium Deutsche Altenhilfe, 2002). Diese Materialien verfolgen den pädagogischen Ansatz der Lernfelder. Lernfelder integrieren die fachtheoretischen Inhalte der einzelnen Fächer zu einer ganzheitlichen, umfassenden Aufgabenstellung, deren Ziel es ist, zu der Bewältigung der hochkomplexen Pflegesituation zu befähigen. Im Kontext von Fallarbeit mit stetem Bezug zur Praxis sollen die eigenständige Problemlösung und die Handlungskompetenz der Schüler gefördert werden. Reflexion des eigenen Tuns und Lernen in der Kleingruppe unter dem Motto „Kooperation statt Wettbewerb" sollen die Teamfähigkeit der Schüler heranbilden. Die handlungssystematische Erarbeitung der Inhalte soll Vorrang haben vor der fachsystematischen. Damit soll schon in der Ausbildung den komplexen praktischen Situationen im Umgang mit alten Menschen Rechnung getragen werden.

Diese Lernfelder hat das Bayerische Staatsministerium für Unterricht und Kultus nicht direkt, wie im Materialienband des KDA (Sowinski, 2002) vorgesehen, übernommen, sondern die Themenbereiche der Ausbildungs- und Prüfungsverordnung (vom 26. November 2002) gemäß der bayerischen Schulordnung für die Berufsfachschulen für Pflegeberufe (BFSO Pflege, zuletzt geändert am 30.Oktober 2003) in Fächer gegliedert. Das Staatsinstitut für Schulpädagogik und Bildungsforschung in München hat für die bayerischen Berufsfachschulen für Altenpflege vorläufige Lehrplanrichtlinien erarbeitet, die eine Stundentafel enthalten und vom Kultusministerium im Juli 2003 zur Erprobung zugelassen wurden (Staatsinstitut für Schulpädagogik und Bildungsforschung, 2003).

Damit ergibt sich für die 2100 Stunden insgesamt folgende Stundentafel in drei Jahren:

Grundlagen der Pflege	200 Stunden
Altenpflege und Altenkrankenpflege (Theorie)	600 Stunden
Lebensgestaltung	120 Stunden
Berufskunde	240 Stunden
Recht und Verwaltung	160 Stunden
Deutsch und Kommunikation	120 Stunden
Sozialkunde	40 Stunden
Altenpflege und Altenkrankenpflege (Praxis)	400 Stunden
Lebenszeit- und Lebensraumgestaltung (Praxis)	180 Stunden

Seit 1. August 2003 bilden die bayerischen Berufsfachschulen für Altenpflege nach dieser Stundentafel aus, wobei noch kein detaillierter Lehrplan mit Lernzielen und Lerninhalten erstellt worden ist. Zur inhaltlichen Orientierung dienen die Materialien für die Umsetzung der Stundentafel des KDA (Sowinski, 2002).

Unter dem Überpunkt „Altenpflege als Beruf" weist der Materialienband das Lernfeld „mit schwierigen sozialen Situationen umgehen" mit einem Umfang von 80 Stunden aus. Das Lernfeld hat die Lerninhalte: (Sowinski, 2002, S193-194)

Berufstypische Konflikte und Befindlichkeiten
Spannungen in der Pflegebeziehung mit den Unterpunkten:
Nähe und Distanz
Macht und Ohnmacht
Intimität, Ekel, Scham
Aggression, Gewalt, sexuelle Belästigung
Gewalt in der Pflege mit den Unterpunkten
Definitionen und Formen der Gewalt in der Altenpflege
Erklärungsansätze
Gewalt fördernde und Gewalt hindernde Faktoren
Gewalt gegen alte Menschen, z.B.
in der Familie
in bzw. durch Pflegeeinrichtungen
Hilfen gegen Gewaltanwendung
Problem des Aufdeckens von Gewaltanwendung
Ansatzpunkte zur Gewaltverminderung in der Altenpflege

Aus der detaillierten Aufstellung und dem großen Stundenumfang wird klar ersichtlich, dass das Thema Gewalt einen größeren Stellenwert in der Altenpflegeausbildung bekommen soll. Da dieser Materialienband eine Orientierungshilfe, aber kein Lehrplan ist, ist noch offen, in welcher Form und welchem Umfang die Inhalte aus diesem Lernfeld für einen zukünftigen Lehrplan modifiziert bzw. dahin übernommen werden können. Die konkrete Auseinandersetzung mit dem Thema Gewalt ist sicher ein wichtiger, aber nicht ausschließlicher Beitrag, den die Altenpflegeausbildung zur Prävention von Gewalt leisten kann. Vielmehr kann auch angenommen werden, dass durch das Verständnis von psychologischen Zusammenhängen, Wissen über gerontopsychiatrische Erkrankungen und Reflexion eigenen pflegerischen Handelns mehr Sicherheit und Kompetenz im Umgang mit den Pflegebedürftigen erreicht werden kann. Um herauszuarbeiten, welche präventiven Möglichkeiten sich daraus für die Ausbildung ergeben, wurden Altenpflegeschüler für die vorliegende Studie befragt:

2. Ausgangsüberlegung und Formulierung der Fragen

Die Altenpflegeausbildung befindet sich im Umbruch; es besteht daher grundsätzlich die Möglichkeit, inhaltliche Schwerpunkte der Ausbildung zu verändern. Das Thema Gewaltprävention in der Pflege ist insgesamt sehr komplex. Unbestritten ist aber, dass auch die Ausbildung einen Beitrag zur Verringerung von Gewalt in den Pflegebeziehungen leisten kann. Dazu bestehen einige Vorannahmen: Die Schüler können lernen, Anzeichen von Gewalt in der Pflege zu erkennen, deren Ursachen zu analysieren und Lösungsstrategien zu entwickeln, die es ihnen ermöglichen, zu einem weniger gewaltbelasteten Umgang mit den alten Menschen zu kommen. Ebenso können die Wissensinhalte selbst das Verständnis für die spezielle Situation und Handlungsweise gerontopsychiatrisch veränderter Menschen fördern und auf diesem Wege zu professionellen, weniger von Überforderung und Hilflosigkeit gekennzeichneten Pflegebeziehungen führen. Nicht zuletzt kann schon in der Ausbildung die Basis gelegt werden für eine reflektierende Auseinandersetzung mit den eigenen Erwartungen, Bedürfnissen, Enttäuschungen und belastenden Situationen, die durch die pflegerischen Interaktionen und die Konfrontation mit Leiden, Tod und Sterben entstehen. Einer Abstumpfung der Pflegekräfte und Gleichgültigkeit gegenüber inhumanen Bedingungen und vermeidbaren Beeinträchtigungen der alten Menschen kann entgegengetreten werden. Die Fähigkeit zu Empathie und neugieriger Suche nach kreativen Möglichkeiten, die Situation zu verbessern, kann gefördert werden. Um der Frage, wie ein neuer Lehrplan im Hinblick auf die oben genannten Gesichtspunkte gestaltet werden kann, nicht ausschließlich theoretisch nachzugehen, ist es von Interesse, welche Erfahrungen die Schüler selbst mit Gewalt in der Pflege gemacht haben, wo sie die Ursachen sehen und welche Ansatzmöglichkeiten zur Prophylaxe sie in der Ausbildung und in Bezug auf die tägliche Arbeit sehen, sich wünschen oder sich gewünscht hätten. Zu diesem Zweck wurden Altenpflegeschüler einer Klasse, die kurz vor dem Abschluß ihrer Ausbildung standen, befragt:

2.1. Vorverständnis und Einschätzung von Gewalt

Welches Vorverständnis haben Schüler am Ende ihrer Ausbildung von Gewalt? Welche (Gewalt-) Handlungen werden als solche bewertet und als wie schwerwiegend werden sie eingeschätzt? Mit diesen Fragen soll ermittelt werden, wie sensibel die Schüler Gewalt als solche erkennen.

2.2. Erfahrung mit Gewalt im Pflegealltag

Welche Erfahrungen mit Gewalt haben die Schüler gemacht? Welche Gewalthandlungen haben sie selbst beobachtet und/oder waren selbst daran beteiligt?

Mit den Aussagen zu diesen Fragen soll eine Bestandsaufnahme erreicht werden über Verständnis von und Erfahrung mit Gewalt. In einem zweiten Abschnitt werden die Kausalzuschreibungen der Schüler für Gewalthandlungen erfragt:

2.3. Ursachenzuschreibung für Gewalt

Wo sehen die Schüler die Ursachen für Gewalt?
Die Fragen nach den Ursachen für Gewalt in der Pflege geben den Schülern die Möglichkeit, zum Teil rechtfertigend, zum Teil reflektierend Gründe zu benennen, die Gewalt bedingen können. In diesem Sinne dienen die Fragen auch der Motivation, anschließend etwas über persönliche Erfahrungen zur Gewaltprävention zu berichten. Inhaltlich sind die Fragen so vorstrukturiert, dass die Antworten einen Eindruck davon vermitteln, in welchem Maß
* strukturelle Gegebenheiten,
* Arbeitsbedingungen im Team,
* persönliche Gründe und
* Gründe auf Seiten der Bewohner
für Gewalthandlungen verantwortlich gemacht werden. Insofern ergibt sich auch inhaltlich eine semiquantitative Aussage zur Zuschreibung von Ursachen für Gewalt.

Im dritten Abschnitt geht es um die Möglichkeiten, Gewalt schon im Vorfeld prophylaktisch zu begegnen:

2.4. Inhalte / Themen der Ausbildung mit Relevanz für Gewaltprävention

Welche Inhalte bzw. Fächer der Ausbildung werden von den Schülern für wichtig und geeignet gehalten, Gewalthandlungen in der Pflege abzubauen? Die Fragen nach geeigneten Ausbildungsinhalten sind vorstrukturiert und lassen eine semiquantitative Bewertung zu.

Neben den präventiven Möglichkeiten durch Ausbildung weit im Vorfeld von Gewalt ist auch von Interesse, wie die Schüler konkrete Konfliktsituationen lösen, damit Gewalt in der akuten Situation vermieden wird:

2.5. Persönliche Erfahrung mit Gewaltprävention

Die nächste Frage bezieht sich auf die persönlichen Strategien und Handlungsmöglichkeiten der Schüler, die sie anwenden, um es in einer akut eskalierenden Situation nicht zu Gewalt kommen zu lassen: Was hilft den angehenden Pflegekräften persönlich am meisten, Gewalt in einer konkreten Pflegesituation zu vermeiden?

Diese Frage ist offen gestellt und ermöglicht eine freie persönliche Stellungnahme. Die Antworten auf diese Frage sollen einen Eindruck vermitteln, welche allgemeinen und professionell erworbenen Maßnahmen den angehenden Altenpflegern am Ende ihrer Ausbildung zur Verfügung stehen, bzw. von ihnen angewendet werden, um Gewalt zu vermeiden.

Nach dieser persönlichen Bestandsaufnahme, welche Erfahrungen die Schüler mit Gewalt gemacht haben und was ihnen genützt hat, sie zu vermindern, sind die nächsten zwei Fragen auf die Zukunft gerichtet. Die Schüler sollen Vorschläge machen, was sie für künftige Schülergenerationen für sinnvoll erachten würden:

2.6. Vorschläge zur Gewaltprävention

Zwei Aspekte der Vorschläge, die die Schüler für die Ausbildung machen sollen, um Gewalt in der Pflege besser vermeiden zu können, sind von Interesse:

2.6.1. Vorschläge im Hinblick auf die Ausbildung

Die Schüler sollen sich in offener Form äußern, was sie selber in einen neuen Lehrplan aufnehmen würden, wenn sie die Möglichkeit dazu erhielten.

2.6.2. Vorschläge im Hinblick auf den Ausbildungs- bzw. Arbeitsplatz

Die letzte Frage beschäftigt sich mit Vorschlägen zur Gewaltprävention am Ausbildungs-, bzw. Arbeitsplatz. Welche allgemeinen Maßnahmen halten die Schüler für nützlich, um Gewalt zu verringern? Wo sehen sie Ansatzpunkte? Auch diese Frage soll in offener Form beantwortet werden.

3. Methodik

3.1. Stichprobe

Befragt wurde eine Klasse von 27 Schülern einer Fachschule für Altenpflege, die die Ausbildung in berufsbegleitender Form absolvierten. Die Schüler waren zur Zeit der Befragung alle in der Altenpflege tätig und kurz vor dem Abschluss ihrer Ausbildung.
Von den 27 Schülern waren drei Männer und 24 Frauen, im Alter von 20 – 50 Jahren, im Schnitt 32,18 Jahre (fünf Probanden machten keine Angabe zum Alter). Im Pflegedienst tätig waren die Schüler zwischen drei und 15 Jahren, im Schnitt 7,04 Jahre (zwei Schüler machten keine Angabe). Alle Schüler hatten bereits vor der Ausbildung zum Altenpfleger/ zur Altenpflegerin, gemäß den Bestimmungen der Fachschulen, eine Berufsausbildung abgeschlossen. Ein Großteil der Schüler war seit vielen Jahren in der Pflege tätig und verfügte somit über ein hohes Maß praktischer Erfahrung. Die berufsbegleitende Form bedeutet, dass die Schüler, meist in Teilzeitform, in einer Altenpflegeeinrichtung arbeiten und an zwei Tagen in der Woche zusätzlich die Schule besuchen. Diese Form der Ausbildung wurde von älteren Erwachsenen gern gewählt, weil sie zumindest eine Teilzeit-Berufstätigkeit und entsprechenden Verdienst ermöglicht. Die Verzahnung von praktischer Erfahrung und Ausbildung war auf diese Weise besonders eng.

Diese Klasse wurde ausgewählt, weil sie am Ende der Ausbildung stand und somit einen Überblick über alle Lehrinhalte und Lernziele hatte. Die Schüler waren zudem kooperativ und bereit, den Fragebogen zu bearbeiten. Die Zusammensetzung in Hinblick auf Alter und Dauer der Pflegetätigkeit sind durchaus typisch für Klassen in berufsbegleitender Ausbildungsform.

3.2. Konstruktion des Untersuchungsinstruments

Für die Befragung der Schüler wurde ein Fragebogen verwandt. Die Daten wurden anonym erhoben, wobei eine Zuordnung zu einzelnen Schülern nicht erwünscht, aber aufgrund von persönlichen Angaben, Schrift und Ausdrucksweise auch nicht ganz unmöglich war. Die Schüler wurden aufgefordert:

„Bitte beantworten Sie die Fragen spontan und ohne lange nachzudenken. Ihre Antworten werden anonym statistisch ausgewertet."
Zu Beginn wurden persönliche Merkmale wie Alter, Geschlecht und Dauer der Pflegetätigkeit erhoben.
Da für die Fragestellung kein normiertes Untersuchungsinstrument zur Verfügung stand, wurde ein Fragebogen konstruiert.

- Der erste Teil des Fragebogens bestand aus einer Liste von Items, die verschiedene Formen von Mißhandlung und Vernachlässigung aufzählte. Die Items stammten aus einer Forschungsarbeit von Goergen, in der 80 Altenpflegekräfte aus Niedersachsen schriftlich befragt wurden (Goergen, Th. 2003). Die Fragen wurden zum Teil direkt übernommen, zum Teil leicht verändert oder umformuliert.
Die Antwortmöglichkeiten waren im Sinne dieser Arbeit abgeändert worden gegenüber denen von Goergen:
Die Schüler konnten in einer Ratingskala (von 0 – 6) ankreuzen, ob und wenn ja, wie schwerwiegend folgende Handlungen als Gewalt einzuschätzen sind. Items, die Aussagen über Misshandlung machten, wurde gemischt mit solchen, die Aussagen über Vernachlässigung machten.

Die Anweisung auf dem Fragebogen lautete:
„Es wird sehr unterschiedlich diskutiert, ob bestimmte Handlungen als Gewalt bezeichnet werden können. Was denken **Sie**? Sind folgende Handlungen überhaupt Gewalt-Handlungen und wenn ja, wie schwerwiegend schätzen Sie sie ein."

(0= keine Gewalt, 1= am wenigsten schwerwiegend; 6= am schwerwiegendsten)

Dieselbe Liste von Items wurde ein zweites Mal vorgelegt mit der Frage, ob die Schüler diese Handlungen schon einmal beobachtet haben, oder selbst daran beteiligt waren. Die Frage formulierte bewusst „Handlungen" und nicht „Gewalt-Handlungen", weil in der ersten Liste ja offen blieb, ob die Handlung als Gewalt betrachtet werden muss. Es wird in der Frage zusammengefasst, ob die Schüler als Täter an der Handlung beteiligt waren, oder ob sie Zeugen waren und sie bei einer anderen Pflegeperson beobachtet haben. Für die Beantwortung der Frage nach den Erfahrungen mit Gewalt in der Pflege schien es sinnvoll, den Täter–Zeugen–Status für Schüler, die ja nur begrenzt eigenverantwortlich handeln dürfen, nicht zu differenzieren. Auch der Gesichtspunkt der Vermeidung oder Beschönigung aus Scham oder aufgrund der Schülerrolle aus Angst vor Konsequenzen, spielte bei der Entscheidung eine Rolle. Die Frage lautet:

„Waren Sie selbst schon einmal an den folgenden Handlungen beteiligt oder haben Sie sie bei anderen Pflegekräften beobachtet?"

Die Antwortmöglichkeiten waren mit ja oder nein zum Ankreuzen vorgegeben.

- Der zweite Teil des Fragebogens erhob die Ursachenzuschreibung für Gewalthandlungen.
Die Items sind zu thematischen Gruppen zusammengefasst worden, die eine Kausalattribuierung vermuten lassen:

- Strukturelle Bedingungen: Hier konnten Personalausstattung und –qualifizierung, Dienstpläne und Zeit für den Bewohner, Fachwissen und Fortbildungsangebot als Gründe für Gewalt angegeben werden.
- Team: Zu den Fragen nach dem Team gehörten Items zu Abstimmung, Kommunikation, Pflegekonzept, Arbeitsverteilung und Mitarbeiterkontrolle.
- Persönliche Faktoren: Diese Items bezogen sich auf in der Pflegeperson begründete Ursachen für Gewalt wie persönliche Eignung, Konfliktbewältigungsstrategien, Überlastung und private Probleme.
- Bewohner: Der letzte Punkt nannte Items, die besondere Probleme des Bewohners ansprachen wie Verwirrtheit, Provokationen, allgemeine Hilflosigkeit oder Inkontinenz.

Die Anweisung lautete:
„Wo sehen Sie wichtige Ursachen für Gewalthandlungen in der Pflege? Bitte schätzen Sie ein, wie stark folgende Bedingungen zu Gewalt in der Pflege beitragen."
0 bedeutet: trägt gar nicht bei; 4 bedeutet: trägt sehr stark bei.
Die Antworten konnten per Kreuz in eine Ratingskala eingetragen werden.

- Der dritte Abschnitt des Fragebogens sollte die Frage klären, welche Ausbildungsinhalte den Schülern retrospektiv als geeignet und sinnvoll erschienen, um Gewalt in der Pflege abzubauen. Die Items gaben eine Liste von sowohl theoretischen als auch praktischen Ausbildungsinhalten wieder, die in etwa den Fächern Psychologie, Krankheitslehre, Soziologie, Gerontopsychiatrie, Pflegetheorie, Berufskunde, sowie Pflegepraxis in der Schule und der ausbildenden Einrichtung (einschließlich gerontopsychiatrischen Pflegekonzepten), Deutsch (praktische Übung in Kommunikation und Gesprächsführung), und Lebensraum- und Lebenszeitgestaltung zugeordnet werden konnten.

Die Vorgabe lautete:
„Blicken Sie auf Ihre Ausbildung zurück. Welche Ausbildungsinhalte halten **Sie** für besonders wichtig und geeignet, Gewalthandlungen in der Pflege abzubauen?"
0 bedeutet: gar nicht wichtig; 4 bedeutet: sehr wichtig
Die Antworten konnten in einer Ratingskala von 0-4 angekreuzt werden.

Der letzte Abschnitt des Fragebogens enthielt offene Fragen, die es den Schülern ermöglichten, sich mit ihren eigenen Worten zu äußern. Ein Vorteil von offenen Fragen lag darin, dass die Schüler authentisch die Zusammenhänge aus ihrer Sicht und nach ihrem Verständnis beschreiben konnten. Das eigenständige Formulieren setzt eine tiefere Auseinandersetzung voraus, als das Abschätzen einer Bedeutung auf der Rating-Skala und fordert eine persönliche Stellungnahme. Offene Fragen ermöglichen die Gewinnung von Aspekten, die a priori nicht vermutet und deshalb auch nicht in den Fragebogen aufgenommen worden waren.

Die folgende Frage ist offen gestellt und soll Auskunft über persönlich hilfreiche Erfahrungen zur Vermeidung von Gewalt in der Pflege geben. Sie lautet:
„Was hilft **Ihnen** persönlich am meisten, Gewalt in der Pflege zu vermeiden?"
Es sind Leerzeilen zur freien Beantwortung vorgegeben.

- Im vierten Teil des Fragebogens sollten sich die Schüler äußern, welche Maßnahmen sie prospektiv zur Verringerung von Gewalt sowohl für die Ausbildung in der Schule als auch in der Praxis für sinnvoll erachten. Es werden zwei offene Fragen gestellt, die frei beantwortet werden sollen:

  - „Stellen Sie sich vor, Sie hätten die Möglichkeit, an einem neuen Lehrplan für die Altenpflegeausbildung mitzuarbeiten. Was sollte unbedingt in Bezug auf Vermeidung von Gewalt aufgenommen werden?"
  - Denken Sie an Ihren Ausbildungsplatz in der Praxis. Welche allgemeinen Maßnahmen halten Sie in Bezug auf Vermeidung von Gewalt für sinnvoll, was wünschen Sie sich?"

3.3. Studiendesign und Ablauf der Befragung

Bei der vorliegenden Erhebung wurde eine Gruppe (Klasse von Schülern) zu einem Zeitpunkt befragt. Die Bögen wurden der Gruppe ohne inhaltliche Vorbesprechung ausgeteilt und die Schüler um freiwillige Mitarbeit gebeten. Die Beantwortung fand in einer ruhigen, konzentrierten Atmosphäre statt, Rückfragen und Diskussionen wurden bewusst unterbunden, sofern sie nicht formaler Natur waren. Der Rücklauf war auf diese Weise 100%, wobei einzelne Schüler, ob beabsichtigt oder unabsichtlich, einzelne Fragen ausgelassen haben und sich deshalb für verschiedene Items verschiedene Stichprobengrößen (n) ergaben.

3.4. Problematik der Methode

Der Umfang der Stichprobe war gering und die Zusammensetzung dieser Stichprobe nicht repräsentativ für alle Altenpflegeschüler. Es konnte also keine komplexe quantitative statistische Auswertung erfolgen, die zu einer allgemeingültigen Aussage geführt hätte. Die Items konnten semiquantitativ dargestellt und die so erhobenen Befunde qualitativ beschrieben werden. Die frei formulierten Antworten wurden sinnvoll geordnet und zu Aussagekomplexen zusammengefasst, was notwendigerweise einen gewissen interpretativen Spielraum zuließ.

4. Ergebnisse der Fragebögen

4.1. Verständnis von Gewalt

- **Rangfolge der nicht als Gewalt bewerteten Handlungen**

Der erste Teil des Fragebogens beschäftigt sich damit, ob bestimmte Handlungen als Gewalt aufzufassen seien und falls ja, wie schwerwiegend die Gewalt sei.
Insgesamt wurde 49 mal die Einschätzung „keine Gewalt", also 0 Punkte, gewählt. 21 der 25 Items sind davon betroffen, vier Items wurden immer als Gewalt eingestuft. Zunächst werden die Handlungen, die als „keine Gewalt" (0 Punkte) gewertet wurden, in der Rangfolge dargestellt:

	keine Gewalt	
Handlung	**%**	**N**
Bewohner nicht rasieren	26,9	26
Bewohner nicht waschen	18,5	27
Bewohner nicht ins Freie bringen	14,8	27
Diät von Bewohnern missachten	14,8	27
Bewohner absichtlich ärgern	11,5	26
Bewohner aus arbeitsökonomischen Gründen Windeln anlegen	11,1	27
Bewohner nicht aus dem Bett holen	8,3	24
Bewohner aus arbeitsökonomischen Gründen fixieren	7,7	26
Bewohner anschreien	7,4	27
Bewohner nicht rechtzeitig umlagern	7,4	27
Missachten der Privatsphäre von Bewohnern	7,4	27
Bewohner aus arbeitsökonomischen Gründen festhalten	7,4	27
Bewohner verbal bedrohen	7,4	27
Bewohner verbal beleidigen	7,4	27
Bewohner zurückweisen	3,8	26
Bett- oder Leibwäsche von Bewohnern nicht wechseln	3,8	26
Bewohner beschimpfen	3,7	27
Bewohner auf Hilfe warten lassen	3,7	27
Bewohner falsch über Medikamente informieren	3,7	27
Bewohner durch grobes Anfassen Hämatome zufügen	3,7	27
Gerüchte über Bewohner verbreiten	3,7	27

- **Rangfolge der Handlungen nach der Schwere der Gewalt**

Betrachtet man die Handlungen, die in unterschiedlichem Ausmaß als Gewalt bewertet wurden, ergibt sich eine Rangfolge nach dem durchschnittlichen Punktwert für den Schweregrad der Gewalt (1-6 Punkte):

	keine Gewalt	Gewalt unterschiedlicher Schwere						
Handlung	0	1	2	3	4	5	6	∅	N
Bewohner durch grobes Anfassen Hämatome zufügen	1 3,7	1 3,7				4 14,8	21 77,8	5,7	27
Bewohner aus arbeitsökonomischen Gründen fixieren	2 7,7			1 3,8	1 3,8	5 19,2	17 65,4	5,6	26
Bewohner aus arbeitsökonomischen Gründen festhalten	2 7,4		1 3,7	1 3,7	1 3,7	5 18,5	17 63,0	5,5	27
Bewohnern aus arbeitsökonomischen Gründen „Bedarfspsychopharmaka" geben		1 3,7	1 3,7	1 3,7	3 11,1	1 3,7	20 74,1	5,3	27
Bewohner verbal beleidigen	2 7,4		1 3,7	2 7,4	3 11,1	7 25,9	12 44,4	5,1	27
Bewohner nicht waschen	5 18,5		1 3,7	3 11,1	3 11,1	6 22,2	9 33,3	4,9	27
Bewohner beschimpfen	1 3,7	1 3,7		2 7,4	5 18,5	10 37,0	8 29,6	4,8	27
Bewohner absichtlich ärgern	3 11,5		2 7,7	1 3,8	4 15,4	8 30,8	8 30,8	4,8	26
Schamgefühle von Bewohnern verletzen		2 7,7	1 3,8	2 7,7	2 7,7	9 34,6	10 38,5	4,7	26
Diät von Bewohnern missachten	4 14,8		1 3,7	3 11,1	5 18,5	6 22,2	8 29,6	4,7	27
Gerüchte über Bewohner verbreiten	1 3,7	3 11,1		1 3,7	4 14,8	7 25,9	11 40,7	4,7	27
Bewohner nicht aus dem Bett holen	2 8,3	2 8,3	1 4,2	1 4,2	5 20,8	3 12,5	10 41,7	4,6	24

	1	2	3	4	5	6	7	Ø	N
Bewohner nicht rechtzeitig umlagern	2 7,4	2 7,4	2 7,4	2 7,4	5 18,5	4 14,8	10 37,0	**4,5**	27
Bewohner aus arbeitsökonomischen Gründen Windeln anlegen	3 11,1	1 3,7	2 7,4	2 7,4	5 18,5	7 25,9	7 25,9	**4,5**	27
Bewohner anschreien	2 7,4	1 3,7		6 22,2	7 25,9	4 14,8	7 25,9	**4,4**	27
Bewohner falsch über Medikamente informieren	1 3,7	1 3,7	3 11,1	3 11,1	5 18,5	6 22,2	8 29,6	**4,4**	27
Missachten der Privatsphäre von Bewohnern	2 7,4	3 11,1	2 7,4	2 7,4	4 14,8	6 22,2	8 29,6	**4,3**	27
Bewohner verbal bedrohen	2 7,4		3 11,1	2 7,4	4 14,8	16 59,3		**4,3**	27
Bewohner absichtlich ignorieren			6 22,2	3 11,1	4 14,8	7 25,9	7 25,9	**4,2**	27
Bewohner zurückweisen	1 3,8		5 19,2	2 7,7	7 26,9	6 23,1	5 19,2	**4,2**	26
Bett- oder Leibwäsche von Bewohnern nicht wechseln	1 3,8	3 11,5	3 11,5	3 11,5	4 15,4	4 15,4	8 30,8	**4,1**	26
Bewohner auf Hilfe warten lassen	1 3,7	3 11,1	2 7,4	4 14,8	7 25,9	4 14,8	6 22,2	**4,0**	27
Bewohner auf der Toilette warten lassen		2 7,7	2 7,7	7 26,9	4 15,4	8 30,8	3 11,5	**3,9**	26
Bewohner nicht ins Freie bringen	4 14,8	2 7,4	2 7,4	6 22,2	5 18,5	3 11,1	5 18,5	**3,9**	27
Bewohner nicht rasieren	7 26,9	3 11,5	7 26,9	5 19,2	2 7,7		2 7,7	**2,7**	26

- **Rangfolge der Misshandlungen**

Unterteilt man die Handlungen nach Mißhandlung und Vernachlässigung, so ergibt sich folgende Rangfolge (0-6):

Mißhandlung (Durchschnitt insgesamt 4,9)	keine Gewalt Anzahl	Gewalt, Durchschnitt der Schwere ∅	N
Bewohner durch grobes Anfassen Hämatome zufügen	1	5,7	27
Bewohner aus arbeitsökonomischen Gründen fixieren	2	5,6	26
Bewohner aus arbeitsökonomischen Gründen festhalten	2	5,4	27
Bewohnern aus arbeitsökonomischen Gründen „Bedarfs-Psychopharmaka" geben	0	5,3	27
Bewohner verbal beleidigen	2	5,1	27
Bewohner beschimpfen	1	4,7	27
Bewohner absichtlich ärgern	3	4,8	26
Schamgefühle von Bewohnern verletzen	0	4,7	27
Gerüchte über Bewohner verbreiten	1	4,7	27
Bewohner anschreien	2	4,4	27
Bewohner verbal bedrohen	2	4,3	27
Missachten der Privatsphäre von Bewohnern	2	4,3	27
Bewohner zurückweisen	1	4,2	27

- **Rangfolge der Vernachlässigungen**

Vernachlässigung (Durchschnitt insgesamt 4,2)	keine Gewalt 0	Gewalt, Durchschnitt der Schwere ∅	N
Bewohner nicht waschen	5	4,9	27
Diät von Bewohnern missachten	4	4,7	26
Bewohner nicht aus dem Bett holen	2	4,6	24
Bewohner nicht rechtzeitig umlagern	2	4,5	27
Bewohner aus arbeitsökonomischen Gründen Windeln anlegen	3	4,5	27
Bewohner falsch über Medikamente informieren	1	4,4	27

36

Bewohner absichtlich ignorieren	0	4,2	27
Bett- oder Leibwäsche von Bewohnern nicht wechseln	1	4,1	26
Bewohner auf Hilfe warten lassen	1	4,0	27
Bewohner auf der Toilette warten lassen	0	3,9	26
Bewohner nicht ins Freie bringen	4	3,9	27
Bewohner nicht rasieren	7	2,7	26

Die Handlungen, die eine Mißhandlung beschreiben, wurden im Schnitt sehr viel stärker als Gewalt bewertet (19 Nennungen „keine Gewalt", Schwere der Gewalt im Schnitt 4,9), als die Handlungen, die eine Vernachlässigung beschreiben (30 Nennungen „keine Gewalt", Schwere der Gewalt im Schnitt mit 4,2). Der Durchschnitt der Schwere der Gewalt insgesamt liegt bei 4,5 Punkten auf der Ratingskala.

Mit 0 bewertet (stellt keine Gewalt dar) wurden Mißhandlungen insgesamt 19 mal:

- Je einmal die Handlungen: „Bewohner zurückweisen", „Bewohner beschimpfen", „Bewohner durch grobes Anfassen Hämatome zufügen" und „Gerüchte über den Bewohner verbreiten".
- Je zweimal die Handlungen: „Bewohner anschreien", „Missachten der Privatsphäre von Bewohnern", „Bewohner aus arbeitsökonomischen Gründen fixieren", „Bewohner aus arbeitsökonomischen Gründen festhalten", „Bewohner verbal bedrohen" und „Bewohner verbal beleidigen".
- Dreimal die Handlung „Bewohner absichtlich ärgern".

Immer als Gewalt unterschiedlichen Ausmaßes bewertet (keine 0) wurden die Mißhandlungen: „Schamgefühle der Bewohner verletzen" und „Bewohnern aus arbeitsökonomischen Gründen „Bedarfspsychopharmaka" geben".

Insgesamt 30 mal wurden Vernachlässigungen mit 0 (stellt keine Gewalt dar) bewertet:

- Je einmal die Handlungen: „Bewohner auf Hilfe warten lassen", „Bett- oder Leibwäsche von Bewohnern nicht wechseln" und „Bewohner falsch über Medikamente informieren".
- Je zweimal die Handlungen: „Bewohner nicht rechtzeitig umlagern" und „Bewohner nicht aus dem Bett holen".
- Dreimal die Handlung: „Bewohner aus arbeitsökonomischen Gründen Windeln anlegen".
- Je viermal die Handlungen: „Bewohner nicht ins Freie bringen" und „Diät von Bewohnern mißachten".

- Fünfmal die Handlung: „Bewohner nicht waschen".
- Siebenmal die Handlung: „Bewohner nicht rasieren".

Immer als Gewalt unterschiedlichen Ausmaßes bewertet (keine 0) wurden die Vernachlässigungen: „Bewohner absichtlich ignorieren" und „Bewohner auf der Toilette warten lassen".
Auch bei der Anzahl der Handlungen, die gar nicht als Gewalt gewertet werden, überwiegen die Vernachlässigungen (30 Angaben) deutlich gegenüber den Mißhandlungen (19 Angaben).

4.2. Erfahrungen mit Gewalt

- **Rangfolge der Ja-Antworten in %**

Auf die Frage: "Waren Sie selbst schon einmal an den folgenden Handlungen beteiligt oder haben Sie sie bei anderen Pflegekräften beobachtet?", antworteten die Schüler in der Rangfolge der Ja – Antworten insgesamt in %:

Handlung	Ja %	Nein %	N
Bewohner nicht rasieren	76,9	23,1	26
Bewohner auf der Toilette warten lassen	76,9	23,1	26
Bewohner absichtlich ignorieren	74	26	27
Bewohner zurückweisen	69,3	30,7	26
Bewohner nicht rechtzeitig umlagern	65,4	34,6	26
Bewohner nicht ins Freie bringen	59,3	40,7	27
Bewohner auf Hilfe warten lassen	57,7	42,3	26
Bewohner anschreien	55,6	44,4	27
Bewohnern aus arbeitsökonomischen Gründen „Bedarfs-Psychopharmaka" geben	51,9	48,1	27
Bewohner aus arbeitsökonomischen Gründen Windeln anlegen	42,3	57,7	26
Schamgefühle von Bewohnern verletzen	37,0	63,0	27
Bewohner nicht aus dem Bett holen	37,0	63,0	27
Missachten der Privatsphäre von Bewohnern	37,0	63,0	27
Bett- oder Leibwäsche von Bewohnern nicht wechseln	37,0	63,0	27
Bewohner beschimpfen	34,6	65,4	26
Bewohner falsch über Medikamente informieren	30,7	69,3	26
Bewohner nicht waschen	29,6	70,4	27
Diät von Bewohnern missachten	29,6	70,4	27
Bewohner absichtlich ärgern	26,9	73,1	26

Bewohner durch grobes Anfassen Hämatome zufügen	**22,2**	77,8	27
Bewohner aus arbeitsökonomischen Gründen fixieren	**18,5**	81,5	27
Bewohner aus arbeitsökonomischen Gründen festhalten	**18,5**	81,5	27
Bewohner verbal bedrohen	**18,5**	81,5	27
Gerüchte über Bewohner verbreiten	**18,5**	81,5	27
Bewohner verbal beleidigen	**12,0**	88,0	25

- **Rangfolge der Mißhandlungen**

Unterteilt man die Handlungen in solche, die eine Mißhandlung darstellen, und solche, die eine Vernachlässigung beschreiben, bekommt man folgende Rangfolge der Ja-Antworten:

	%	N
Mißhandlung (Schnitt insgesamt)	**32,3**	
Bewohner zurückweisen	69,3	26
Bewohner anschreien	55,6	27
Bewohnern aus arbeitsökonomischen Gründen „Bedarfs-Psychopharmaka" geben	51,9	27
Schamgefühle von Bewohnern verletzen	37,0	27
Missachten der Privatsphäre von Bewohnern	37,0	27
Bewohner beschimpfen	34,6	26
Bewohner absichtlich ärgern	26,9	26
Bewohner durch grobes Anfassen Hämatome zufügen	22,2	27
Bewohner aus arbeitsökonomischen Gründen fixieren	18,5	27
Bewohner aus arbeitsökonomischen Gründen festhalten	18,5	27
Bewohner verbal bedrohen	18,5	27
Gerüchte über Bewohner verbreiten	18,5	27
Bewohner verbal beleidigen	12,0	25

- **Rangfolge der Vernachlässigungen**

	%	N
Vernachlässigung (Schnitt insgesamt)	**51,4**	
Bewohner nicht rasieren	76,9	26
Bewohner auf der Toilette warten lassen	76,9	26
Bewohner absichtlich ignorieren	74	27
Bewohner nicht rechtzeitig umlagern	65,4	26
Bewohner nicht ins Freie bringen	59,3	27
Bewohner auf Hilfe warten lassen	57,7	26
Bewohner aus arbeitsökonomischen Gründen Windeln anlegen	42,3	26

Bewohner nicht aus dem Bett holen	37,0	27
Bett- oder Leibwäsche von Bewohnern nicht wechseln	37,0	27
Bewohner falsch über Medikamente informieren	30,7	26
Bewohner nicht waschen	29,6	27
Diät von Bewohnern missachten	29,6	27

Bei den Fragen zu den Erfahrungen mit Gewalt zeigt sich ein deutliches Überwiegen der erlebten Vernachlässigungen (51,4%) gegenüber den Mißhandlungen (32,3%). Keine der Handlungen wurde noch nie erlebt oder beobachtet.

4.3. Ursachen für Gewalthandlungen in der Pflege

Die Antworten der Schüler auf die Frage: „Bitte schätzen Sie ein, wie stark folgende Bedingungen zu Gewalt in der Pflege beitragen, 0 bedeutet: trägt gar nicht bei; 4 bedeutet: trägt sehr stark bei", ergeben folgende Rangfolgen:

- **Strukturelle Bedingungen, die zu Gewalt beitragen können:**

Strukturelle Bedingungen	0	1	2	3	4	∅	N
Durchschnitt insgesamt						3,1	
Zuwenig Personal auf der Station		2 7,4	2 7,4	6 22,2	17 63,0	3,4	27
Zuwenig Zeit für den einzelnen Bewohner	1 3,7	1 3,7	2 7,4	7 25,9	16 59,3	3,3	27
Zuwenig Fachwissen über gerontopsychiatrische Krankheitsbilder			6 22,2	6 22,2	15 55,6	3,3	27
Zuviel gering qualifiziertes Personal		2 7,4	7 25,9	5 18,5	13 48,1	3,1	27
Ungünstige Dienstpläne	1 3,8	1 3,8	4 15,4	10 38,5	10 38,5	3,0	26
Mangelhaftes Fortbildungsangebot	1 3,7	3 11,1	7 25,9	7 25,9	9 33,3	2,7	27

Insgesamt wurden dreimal strukturelle Bedingungen als nicht ursächlich für Gewalt angesehen (0 Punkte auf der Ratingskala):

- Je einmal: „Ungünstige Dienstpläne", „zuwenig Zeit für den einzelnen Bewohner" und „mangelndes Fortbildungsangebot".

Als wichtigste strukturelle Ursache von Gewalt wurde „zuwenig Personal auf der Station" gewertet, dicht gefolgt von den Gründen „zuwenig Zeit für den einzelnen Bewohner" und „zuwenig Fachwissen über gerontopsychiatrische Krankheitsbilder". „Mangelndes Fortbildungsangebot" wird ursächlich am wenigsten mit Gewalt in eine kausale Verbindung gebracht.

- **Im Team begründete Ursachen für Gewalt in der Pflege:**

Team	0	1	2	3	4	∅	N
Durchschnitt insgesamt						2,8	
Uneinigkeit im Team	1 3,7	2 7,4	5 18,5	5 18,5	14 51,9	3,1	27
Zuwenig Austausch über den Bewohner		3 11,1	6 22,2	6 22,2	12 44,4	3,0	27
Kein einheitliches Konzept		3 11,1	7 25,9	6 22,2	11 40,7	2,9	27
Unzureichende Mitarbeiterkontrolle durch Heimleitung	3 11,1	1 3,7	8 29,6	8 29,6	7 25,9	2,6	27
Ungerechte Arbeitsverteilung	1 3,7	5 18,5	8 29,6	8 29,6	5 18,5	2,4	27

Fünfmal wurden insgesamt Bedingungen im Team als Gründe für Gewalt ausgeschlossen (0 Punkte auf der Ratingskala):

- Je einmal: „Uneinigkeit im Team" und „ungerechte Arbeitsverteilung"
- dreimal: Unzureichende Mitarbeiterkontrolle durch die Heimleitung.

„Uneinigkeit im Team" wurde für den wichtigsten ursächlichen Faktor für Gewalt gehalten, gefolgt von „zuwenig Austausch über den Bewohner". Die geringste Rolle spielt nach Ansicht der Schüler eine „ungerechte Arbeitsverteilung".

- **Faktoren, die in der Pflegeperson selbst begründet sind und Gewalt verursachen können:**

Persönliche Faktoren	0	1	2	3	4	∅	N
Durchschnitt insgesamt						3,2	
Pflegekraft ist überlastet			2 7,4	7 25,9	18 66,7	3,6	27
Pflegekraft verliert die Nerven	1 3,7		4 14,8	8 29,6	14 51,9	3,3	27
Mangelnde Konfliktbewältigungskompetenz der Pflegekraft			2 7,4	5 18,5	7 25,9	13 48,1	3,1	27
Pflegekraft ist für den Beruf ungeeignet	2 7,7	1 3,8	4 15,4	5 19,2	14 53,8	3,1	26
Private Probleme der Pflegekraft	2 7,4	2 7,4	8 29,6	4 14,8	11 40,7	2,7	27

Fünfmal wurden persönliche Faktoren als Begründung von Gewalt ausgeschlossen (0 Punkte auf der Ratingskala):

- Einmal: „Pflegekraft verliert die Nerven"
- Je zweimal: „Pflegekraft ist für den Beruf ungeeignet" und „private Probleme der Pflegekraft".

Der wichtigste persönliche Grund für Gewalt wird in Überlastung gesehen („Pflegekraft ist überlastet"), der unwichtigste in privaten Problemen der Pflegekraft.

- **Faktoren auf Seiten des Bewohners, die zu Gewalt beitragen können:**

Bewohner	0	1	2	3	4	∅	N
Durchschnitt insgesamt						1,8	
Bewohner ist besonders schwierig	1 3,7	4 14,8	7 25,9	8 29,6	7 25,9	2,6	27
Bewohner hat die Pflegekraft zuvor provoziert	1 3,7	8 29,6	7 25,9	4 14,8	7 25,9	2,3	27
Bewohner ist geistig verwirrt	4 14,8	6 22,2	6 22,2	8 29,6	3 11,1	2,0	27
Bewohner ist besonders hilflos	11 40,7	7 25,9	2 7,4	5 18,5	2 7,4	1,3	27
Bewohner ist inkontinent	12 44,4	10 37,0	3 11,1	1 3,7	1 3,7	0,8	27

Insgesamt wurde 29-mal befunden, dass der Bewohner ursächlich nicht an Gewalt beteiligt ist (0 Punkte auf der Ratingskala):

- Je einmal: „Bewohner ist besonders schwierig" und „Bewohner hat die Pflegekraft zuvor provoziert".
- viermal: „Bewohner ist geistig verwirrt".
- 11-mal: „Bewohner ist besonders hilflos".
- 12-mal: „Bewohner ist inkontinent".

Für den wichtigsten Faktor auf Seiten des Bewohners, der ursächlich für Gewalt mitverantwortlich ist, wurde gehalten, dass der Bewohner besonders schwierig ist. Inkontinenz spielt als Ursache für Gewalt die geringste Rolle.

- **Vergleich der vier Bedingungsfaktoren**

Betrachtet man die vier Gebiete insgesamt und betrachtet das Ausmaß (Punkte auf der Ratingskala) der Ursachenzuschreibung für Gewalthandlungen durch die Schüler, ergibt sich folgendes Bild:

	∅
Der eigenen Person zugeschriebene Ursachen für Gewalt	3,2
Strukturelle Bedingungen als Ursachen für Gewalt	3,1
Im Team begründete Ursachen für Gewalt	2,8
Dem Bewohner zugeschriebene Ursachen für Gewalt	1,8

Den höchsten Stellenwert haben Faktoren, die als in der Pflegeperson selbst begründet angesehen werden. Der insgesamt wichtigste Grund für Gewalt in der Pflege wird in der Überlastung der Pflegekraft gesehen. Fast gleichauf rangieren strukturelle Bedingungen, die für Gewalt verantwortlich gemacht werden. Demgegenüber spielen Gewalt begründende Faktoren auf Seiten des Bewohners eine untergeordnete Rolle.

4.4. Beltrag der Ausbildungsinhalte zur Vermeidung von Gewalt

Die Schüler wurden aufgefordert, auf ihre Ausbildung zurückzublicken. Auf die Frage, welche Ausbildungsinhalte sie für besonders wichtig und geeignet hielten, Gewalthandlungen in der Pflege abzubauen, antworteten die Schüler (0 bedeutet: gar nicht wichtig; 4 bedeutet: sehr wichtig) in der Rangfolge der durchschnittlichen Bedeutung:

Ausbildungsinhalte	0	1	2	3	4	Ø	N
Wissen über gerontopsy-chiatrische Krankheitsbilder			3 11,1	6 22,2	18 66,7	**3,6**	27
Verständnis für biographische und soziale Zusammenhänge		1 3,7	3 11,1	5 18,5	18 66,7	**3,5**	27
Wissen über körperliche Krankheitsbilder		1 3,7	2 7,4	5 18,5	19 70,4	**3,4**	27
Reflexion des eigenen pflegerischen Handelns			3 11,1	9 33,3	15 55,6	**3,4**	27
Praktische Erfahrungen im Umgang mit den Bewohnern		1 3,7	3 11,1	6 22,2	17 63,0	**3,4**	27
Verständnis psycholo-gischer Zusammenhänge			2 7,4	5 18,5	5 18,5	15 55,6	**3,2**	27
Praktische Pflegekon-zepte für psychisch veränderte Bewohner			2 7,4	2 7,4	11 40,7	12 44,4	**3,2**	27
Praktische Möglichkeiten der Lebensraum- und Lebenszeit-Gestaltung	2 7,4	4 14,8		10 37,0	11 40,7	**2,9**	27
Praktische Übung in Kommunikation und Gesprächsführung		5 18,5	5 18,5	8 29,6	9 33,3	**2,8**	27
Auseinandersetzung mit Pflegemodellen und Pflegetheorien	1 3,7	4 14,8	6 22,2	8 29,6	8 29,6	**2,7**	27

Insgesamt wurden dreimal Ausbildungsinhalte für unbedeutend im Hinblick auf Verringerung von Gewalt erachtet:

- Einmal der Inhalt: „Auseinandersetzung mit Pflegemodellen und Pflegetheorien"
- Zweimal der Inhalt: „Praktische Möglichkeiten der Lebensraum- und Lebenszeitgestaltung".

Alle anderen Ausbildungsinhalte wurden für hilfreich gehalten, wobei die größte Bedeutung dem „Wissen über gerontopsychiatrische Krankheitsbilder" zugeschrieben wurde (3,6 von 4 Ratingpunkten im Schnitt). Für kaum weniger wichtig wurden die Inhalte „Verständnis für biographische und soziale Zusammenhänge" (3,5 von 4 Rating-punkten im Schnitt), gefolgt von „Wissen über körperliche Krank-heitsbilder", „Reflexion des eigenen pflegerischen Handelns" und „Praktische Erfahrungen im Umgang mit den Bewohnern" (je 3,4 von 4 Ratingpunkten im Schnitt) gehalten. Am wenigsten bedeutsam wurden die Inhalte „Praktische Übung in Kommunikation und Gesprächsführung" (2,8 von 4 Punkten auf der Ratingskala) und „Auseinandersetzung mit Pflegemodellen und Pflegetheorien" (2,7 von 4 Punkten auf der Ratingskala) eingeschätzt.

4.5. Zusammenfassung der Antworten zu den offenen Fragen

4.5.1. Persönliche Erfahrungen mit Gewaltprävention

Die erste der drei offenen Fragen erkundigt sich ganz allgemein, was persönlich am meisten hilft, Gewalt in der Pflege zu vermeiden. Die Antworten darauf sind sehr vielseitig und werden hier nach inhaltlichen Aspekten geordnet.

- **Praktische Möglichkeiten in einer konkreten Risikosituation** (N = 8 Nennungen)
  Schüler vermeiden eine Eskalation von Gewalt, indem sie sich der Situation kurzfristig entziehen, eine kurze Pause machen oder einen Kollegen um Ablösung bitten: z.B. *„bei anstrengenden Bewohnern ab und zu einfach aussetzen und andere Kollegin schicken"*

- **Persönliche Einstellung, Grundwerte, Berufsbild** (N = 18 Nennungen)
  Acht Schülerantworten zielen auf das empathische Verständnis für die Situation des Bewohners. Sie versuchen Gewalt zu vermeiden, indem sie sich Zeit nehmen für Gespräche und sich mit der Biographie des Bewohners beschäftigen, um so auch in belastenden Situationen Verständnis aufbringen zu können: z.B. *„Lebensgeschichte kennen und somit Verständnis haben"* oder *„Versuche, mich in den Bewohner hineinzuversetzen, Gedanke, dass ich vielleicht auch mal so werde und auf Hilfe angewiesen bin".*
  In sechs Antworten wird vorgeschlagen, eine persönliche Distanz zu Angriffen von Seiten des Bewohners zu gewinnen und in einer ruhigen Minute die Entstehungsbedingungen der Situation zu reflektieren: z.B. *„Indem ich versuche herauszufinden, warum die Situation so ist, versuche sie zu ändern"* oder *„Reaktionen, Handlungen, Beschimpfungen nicht persönlich nehmen"*
  Ein Schüler verlangt von sich, sich in jeder Situation kontrollieren zu können. Zwei Vorschläge benennen Humor als Mittel, Situationen zu entschärfen: z.B. *„Humor, alles gelassen zu sehen, nicht*

todernst zu nehmen". Ein Schüler verneint jeglichen Grund für Gewalt in der Pflege und spricht jemandem, der Gewalt ausübt, die Eignung für den Beruf ab. *„Es gibt überhaupt keinen Grund, einem anvertrauten Menschen wie den Bew.(-ohner, Anm.) gegenüber gewalttätig zu werden!!! Egal was in dem privaten Bereich oder beruflichen Stress auch passiert, jemand der in der Pflege Gewalt ausübt, ist für diesen Beruf ungeeignet!"*

- **Professionalisierung** (N = 9 Nennungen)
  Vier Schüler geben Supervision als persönlich hilfreich zur Vermeidung von Gewalt an. Vier weitere Antworten benennen Wissen um die Erkrankungen, besonders um die gerontopsychiatrischen, und Fortbildung als nützlich gegen Gewalt. Ein Schüler sieht einen Nutzen in der Kooperation mit Ärzten und Therapeuten aller beteiligten Fachbereiche.

- **Möglichkeiten im Team und bei der Arbeitsorganisation** (N = 15 Nennungen)
  Eine häufige Antwort auf die Frage, was persönlich am meisten hilft, Gewalt zu vermeiden, bezieht sich auf das Kollegenteam. Dabei werden verschiedene Aspekte deutlich: Am wichtigsten ist den Schülern die Aussprache über Schwierigkeiten im Team, zum einen zur eigenen Entlastung, zum anderen auf die problematische Situation bezogen, um einen einheitlichen Umgang mit bestimmten Verhaltensweisen anzustreben: z.B. *„Bei Gewalthandlungen mir gegenüber möglichst neutral reagieren und im Team besprechen"*, *„Gespräch, dass es Kollegen genauso geht, gegen das Gefühl, versagt zu haben"* oder *„Stationsgespräch für einheitlichen Umgang mit betroffenem Bewohner"*. Dazu tragen auch gute Dokumentation, Übergaben und Pflegevisiten bei. Betont wird das solidarische Miteinander im Team, das es erleichtert, das Problem Gewalt anzusprechen: z.B. *„Gut harmonisierendes Team, kein „Übereinanderreden" hinter dem Rücken"*. Ein zweiter Aspekt ist das Ansprechen von Gewalt anderer Mitarbeiter auch gegenüber Vorgesetzten: z.B. *„indem man betreffende Person (Pflegekraft, Anm.) darauf anspricht, wenn sich nichts ändert, mit Stationsleitung, Heimleitung sprechen"*. Ein dritter Aspekt zielt ganz pragmatisch darauf ab, als schwierig empfundene Bewohner in verschiedene Pflegegruppen aufzuteilen oder ihre Betreuung im Team abzuwechseln: z.B. *„Schwierige Patienten nur 2-3 Tage betreuen, dann wechseln"* oder *„Schwierige Patienten auf verschiedene Bereiche aufteilen (Bereichspflege)"*

- **Ausgleich zwischen Arbeit und Freizeit** (N = 21 Nennungen)
  Die Möglichkeiten im Team werden in der Anzahl der Nennungen
  noch übertroffen von den Antworten, die sich auf einen Ausgleich
  von Arbeit und Freizeit beziehen. In 14 Antworten kommt direkt
  zum Ausdruck, dass Regeneration zuhause bei Familie und
  Freunden einen wichtigen Beitrag leistet, um unbelastet und
  ausgeruht zur Arbeit zu kommen, was wiederum als nützlich
  gegen Gewalt angesehen wird: z.B. *„Die ständige Gewißheit,
  dass der Beruf nicht das Einzige ist im Leben", „Ausgleich in der
  Freizeit suchen, entspannt an die Arbeit gehen" oder „Arbeit und
  Beruf auseinander halten, Ausgleich von der Arbeit suchen, nicht
  an die Arbeit denken, für sich selber etwas tun".* In diesem
  Zusammenhang werden die Dienstpläne und die Personaldecke
  siebenmal als wichtiger Faktor genannt. So sollen nicht zu viele
  Dienste ohne Pause hintereinander liegen, Dienstpläne sollen
  besprochen werden und flexibel auch mal zu tauschen sein.
  Genügend Pflegekräfte werden als wichtiger Beitrag dazu
  angesehen: z.B.: *„Nicht zu viele hintereinander liegende Arbeits-
  tage, Arbeitsüberlastung vermeiden" oder „gerechte Arbeitsverteilung, genügend Pflegekräfte".*
  Auch der Aspekt, private Probleme zu Hause zu lösen und nicht
  mit in den Arbeitsalltag zu nehmen, kommt hier zum Ausdruck:
  *„Private Probleme zu Hause ausdiskutieren, nicht mit auf Arbeit
  nehmen".*

4.5.2. Vorschläge zur Gewaltprävention im Hinblick auf die Aus- bildung und Gestaltung des Lehrplans

Die zweite Frage bezieht sich konkret auf die Ausbildung. Die Schüler
sollten sich vorstellen, sie hätten die Möglichkeit, an einem neuen
Lehrplan für die Altenpflegeausbildung mitzuarbeiten. Was sollte
unbedingt in Bezug auf Vermeidung von Gewalt aufgenommen werden? Die Antworten werden hier wieder geordnet wiedergegeben.
In 29 Antworten wurden Vorschläge gemacht zur Bearbeitung des
Themas in der Ausbildung. Dabei legen die Schüler besonders wert
auf Praxisnähe und realistische Umsetzbarkeit. 12 Antworten haben
einen eher theoretischen Schwerpunkt, 17 einen eher praktischen.

- **Analyse von Gewaltbedingungen, theoretische Grundlagen**
  (N = 12 Nennungen)
  3 Schüler wünschen sich eine Analyse der Situationen, die für
  Gewalt anfällig sind, und eine Reflexion über Gewaltformen, Ur-

sache und Wirkung menschlichen Handelns: z.B.: *„Arbeitstag analysieren, um die Phasen (streßreiche Zeiten in der Pflege) herauszufinden, die besonders zu Gewalt prädestiniert sind"* oder *„Eigenreflexion, um Ursache-Wirkungsprinzip im menschlichen Umgang (entspr. Psychologie) zu verstehen. Gewaltformen bewußt machen".* Für acht Schüler steht das Wissen und Verstehen von gerontopsychiatrischen Krankheitsbildern im Vordergrund. Sie halten es für wichtig, besonders die von psychischen Erkrankungen betroffene Gruppe von Bewohnern besser verstehen zu können und ihr Verhalten besser deuten und einordnen zu können: z.B. *„Mehr gerontopsychiatrische Erkrankungen erklären und Verhaltensmuster zeigen (aus der Praxis)"* und *„mehr Stunden für Geronto (psychiatrie, Anm.)".* Neben der theoretischen Analyse ist die Vermittlung praktischer Fähigkeiten unerlässlich. Eine Schülerin formuliert: *„Gewalt zeigt, dass ich mit meiner Interventionsmöglichkeit am Ende bin, also: Handwerkszeug mitgeben, d.h. konkretes Erarbeiten wo und wie Gewalt entsteht und damit lernen umzugehen, d.h. Situationen erkennen und im Vorfeld umgehen"*

- **Konkrete, praktische Maßnahmen zur Vermeidung von Gewalt**
(N = 17 Nennungen)
Bei der Vermittlung praktischer Fähigkeiten legen die Schüler Wert auf Praxisnähe und Anwendbarkeit: z.B. *„Vermeidungsstrategien sollten von Psychologen mit Klasse erarbeitet werden, praxisnah, keine Phrasen!".* Ein Aspekt sind Übungen zu Konfliktbewältigung und Verhalten in Stresssituationen: z.B. *„Konfliktbewältigung, Umgang mit Stresssituationen".* Ein zweiter Aspekt zielt auf Gesprächsführung und Kommunikation als wichtigen Ansatz zur Vermeidung von Gewalt: z.B. *„Praktische Übungen in Kommunikation und Gesprächsführung bei Angstkrankheiten und psychiatrischen Erkrankungen".* Ausdrücklich genannt werden mehrfach Übungen im Umgang mit gerontopsychiatrisch veränderten Menschen. *„Gerontopsychiatrische Krankheitsbilder ausführlicher (besprechen, Anm.), auch mit vielen Beispielen und der Umgang von Pflegekräften damit (einzeln und im Team)".* Die Unterrichtsform soll methodisch nicht nur eine Auseinandersetzung mit der Problematik, sondern auch eine Einübung von praktischen Fertigkeiten ermöglichen. Dazu schlagen die Schüler Rollenspiele, Gesprächskreise, Diskussion und Reflexion vor. Videos und praktische Beispiele werden als nützlich erachtet, um daran exemplarisch zu lernen. *„Videos, die nachgestellt werden, sind*

hilfreich mit anschließender Diskussion". Ein Schüler wünscht sich, dass Lehrer den Stationsalltag einmal begleiten, damit der Unterricht der Realität angepasst werden kann: *„Unangemeldete Besuche in der Praxiseinrichtung bzw. Begleitung beim Stationsalltag (um zu sehen, was ist „Realität" und was sind „Wunschgedanken" der Lehrkräfte)"*.

- **Rechtliche Konsequenzen, Verhalten gegenüber Mitarbeitern**
  (N = 3 Nennungen)
  Zwei Schüler schlagen vor, Wege aufzuzeigen, wie beobachtete Gewalt thematisiert werden kann. Sie wünschen sich von der Schule eine Bestärkung darin, Gewalt auch gegenüber Vorgesetzten ansprechen zu können. *„Altenpflegeschüler so zu stärken, dass man sich getraut „nein" zu sagen, wenn man etwas „Unrechtes" sieht. Wie kann man z.B. einer Leiterin begegnen oder ansprechen (=mehr Souveränität als Altenpflegekraft vermitteln)"*. Eine Schülerin hält es für wichtig, die rechtlichen Konsequenzen von Gewalt aufzuzeigen und so zur Vermeidung von Gewalt beizutragen.

- **Psychohygiene, Supervision**
  (N = 7 Nennungen)
  Sieben Antworten beziehen sich auf den Aspekt Psychohygiene und Supervision. Die Schüler wünschen sich von der Schule die Erarbeitung und Einübung von Entspannungsmethoden, die im anstrengenden Pflegealltag für Ausgleich sorgen sollen: z.B. *„Ev. Entspannungstraining in der Schulklasse, Ausgleichsmöglichkeiten für Alltagsstress"* oder *„Möglichkeiten der Entspannung im Pflegealltag aufzeigen, eigene Reflexion"*. Supervision soll helfen, eigene Verhaltensweisen zu reflektieren und für Psychohygiene der Mitarbeiter zu sorgen. *„Supervision im Team trägt zur Herabsetzung und Vermeidung von Gewalt bei"*.

- **Einstellung zum Beruf**
  (N = 1 Nennung)
  Eine Schülerin schlägt vor, Auswahlkriterien für die Berufswahl zu erarbeiten und ungeeigneten Personen nahezulegen, den Beruf nicht auszuüben.

- **Antworten, die nicht zur Frage passen**
  (N = 5 Nennungen)
  Fünf Antworten der Schüler gingen nicht auf die Frage nach sinnvollen Inhalten für den Lehrplan ein, sondern allgemein auf

die Situation auf der Station. Eine Schülerin nutzte die Gelegenheit, um das aus ihrer Sicht krasse Mißverhältnis von anspruchsvoller Arbeit und Belastung durch den Pflegealltag einerseits und die mangelnde Unterstützung und Anerkennung andererseits darzustellen: *„Kontrolle bei der stressigen Arbeit, dass einmal ein „Mensch" von oberster Stelle kommt, schaut was wir für „Schwerstarbeit" (den ganzen Tag über große Verantwortung) leisten und dabei die Nerven behalten müssen und noch freundlich zu allen BW.* (Bewohnern, Anm.) *zu sein, keine Gewalt anzuwenden, es ist ein Wunder, dass nicht mehr AP* (Altenpflegekräfte, Anm.) *ausrasten und Gewalt anwenden nur auf Grund des starken Druckes und Stress, der immer schlimmer wird."*
Drei Schüler machten zu dieser Frage keine Aussage.

4.5.3. Vorschläge zur Gewaltprävention im Hinblick auf den Arbeitsplatz

Die dritte Frage zielt auf Gewaltvermeidung bei der praktischen Arbeit am Ausbildungsplatz ab. Die Schüler werden aufgefordert, an ihren Arbeits- und Ausbildungsplatz in der Altenpflegeeinrichtung zu denken. Sie sollen sich dazu äußern, welche allgemeinen Maßnahmen sie in Bezug auf Vermeidung von Gewalt für sinnvoll halten und was sie sich wünschen würden.
Die Antworten sind ebenfalls, nach verschiedenen Aspekten geordnet, zusammengefaßt:

- **Arbeit im und als Team**
  (N = 25 Nennungen)
  25 Schülern halten Teamgespräche und Zusammenarbeit im Team in unterschiedlicher Form für notwendig und geeignet, Gewalt zu vermeiden. 10 Schüler wünschen sich Gespräche im Team, um Probleme mit Bewohnern zu erkennen und Lösungsmöglichkeiten zu erarbeiten: z.B. *„Probleme mit Bewohner im Team ansprechen"* oder *„Thema immer wieder verbalisieren, offen darüber reden, Hilfestellungen von Kolleginnen."* 7 Schüler halten Supervision für eine geeignete Methode zu diesem Zweck. 2 Schüler finden auch das vertrauliche Gespräch mit Vorgesetzten wichtig, um Probleme mit Gewalt im Arbeitsablauf zu klären. *„Vier-Augen-Gespräche mit Vorgesetzten über Schwierigkeiten im Arbeitsablauf"* oder *„Mitarbeiter, die Gewalt anwenden, ansprechen und Vorgesetzte informieren".*

6 Schüler legen besonderen Wert auf Zusammenarbeit im Team. Teambereitschaft, Teamfähigkeit, Teamarbeit sollen zu mehr „Wir-Denken" führen und dadurch zur Vermeidung von Gewalt beitragen: z.B. *„Aussprache im Team, dass so was nicht „mehr" vorkommt, mehr miteinander arbeiten, nicht gegeneinander"* oder *„bessere Teamzusammenarbeit".*

- **Strukturelle Verbesserungen**
  (N = 32 Nennungen)
  32 Antworten zielen auf strukturelle Verbesserungen der Arbeitsbedingungen ab. 14 mal wünschen sich Schüler mehr Zeit und Freiräume, um jedem einzelnen Bewohner stärker gerecht zu werden. Genannt werden insbesondere mehr Zeit für Biographiearbeit, mehr Beschäftigung für die Bewohner und mehr Zeit für „individuelles Arbeiten": z.B. *„Manchmal etwas mehr Zeit für Biographiearbeit auch schriftlich, um den Bewohner in Gesamtheit zu erfassen"* oder einfach *„mehr Zeit für den Einzelnen".* Weniger Zeit möchten die Schüler mit hauswirtschaftlichen Tätigkeiten und „Verwaltungskram" verbringen. Z.B.: *„mehr Zeit für die Pflege – keine hauswirtschaftlichen Tätigkeiten (Betten abziehen, auswaschen etc.)".* 10 Vorschläge zur Gewaltprävention betreffen das Personal. Dabei werden zwei Aspekte deutlich. Erstens wird eine Anhebung des Pflegeschlüssels allgemein vorgeschlagen, also mehr Personal. *„mehr Pflegekräfte, mehr Zeit = mehr Geduld, Folge: keine Gewalt".* Zweitens wird mehr qualifiziertes Personal für notwendig erachtet, also mehr examinierte Pflegekräfte und weniger Hilfskräfte: z.B. *„Mehr examinierte Pflegekräfte, die bereit sind, die Theorie in die Praxis umzusetzen"* oder schlicht: *„Wesentlich höheren Pflegeschlüssel, mehr Fachkräfte".* Eine Schülerin wünscht sich *„Personal, wo gute Arbeit leistet und nicht nur arbeitet, um Geld zu verdienen.."*

Die dritte strukturelle Verbesserung, die die Schüler vorschlagen, bezieht sich mit 8 Nennungen auf den Dienstplan. Dabei reichen die Wünsche von familienfreundlich bis flexibel: z.B. *„Familienfreundliche Arbeitszeiten", „vernünftige Arbeitszeiten" „mal mehrere freie Tage am Stück -> mal abschalten können".* Kurzdienste sollen wieder abgeschafft werden, meint ein Schüler, und der Plan sollte so gestaltet werden, dass unterschiedliche Bewohner betreut werden und nicht immer dieselben. *„Abwechselnd arbeiten, nicht den ganzen Tag dieselben Bewohner".*

- **Fort und Weiterbildung**
(N = 9 Nennungen)
Neun Antworten nennen Fort- und Weiterbildung als wichtigen Aspekt zur Vermeidung von Gewalt. Dabei soll das Thema praxisnah behandelt werden: z.b. *„Bessere Beratung, Fort- und Weiterbildung, Rollenspiele".* Gewünscht werden Fortbildungen zum Thema Gewalt direkt, aber auch allgemein zu Konfliktbewältigung: z.B. *„Konfliktbewältigung (Fortbildung), lernen, mit Stresssituationen umzugehen".* Auch erfahrene Pflegekräfte sollen sich an Fortbildungen beteiligen. *„Mehr Fort- und Weiterbildung, auch für „alte Hasen" in der Pflege".* Eine Schülerin hält es auch für wichtig, die Angehörigen über das Krankheitsbild zu informieren. *„Angehörige unterstützen, erklären, wie das Verhalten des Klienten entsteht (Krankheitsbild)".*

- **Persönliche Möglichkeiten**
(N = 6 Nennungen)
6 Schüler stellen die persönliche Verantwortung in den Vordergrund: *„Eigenreflexion – weil ich in der Pflege derselbe Mensch bin wie sonst, mit jedoch hohen Vorgaben durch den Pflegeauftrag".* Dabei spielen Motivation für den Beruf, Reflexion des eigenen Verhaltens und der Ausgleich in Entspannungszeiten eine Rolle: z.B. *„Altenpflegerin sollten von Herz werden, bereit für den Beruf und nicht nur wegen Geld oder gar keine andere Möglichkeit haben"* oder *„Ausgeglichenheit, Freude und Spaß an der Arbeit, Probleme von zuhause auch zuhause lassen, keine Hektik in den Berufsalltag einbringen".*
Eine Schülerin gibt an, Gewalt komme nicht vor und die Arbeit mache Spaß, ein Schüler macht zu dieser Frage keine Angabe.

5. Interpretation der Ergebnisse

5.1. Verständnis von Gewalt

Der erste Teilaspekt des Fragebogens sollte darüber Aufschluss geben, wieweit Gewalthandlungen als solche von den Schülern erkannt werden. Bei 21 von 25 Items wurden Gewalthandlungen insgesamt 49 mal (von 559 Angaben insgesamt, entspricht 8,8%) nicht als solche gewertet. 30 Angaben betreffen Vernachlässigungen und 19 Angaben Mißhandlungen. Bei der Interpretation der Ergebnisse zeigt sich eine Schwierigkeit, welche die Schüler auch gleich nach Ausfüllen des Fragebogens angaben: Bei einigen Items kommt es sehr auf die Situation und insbesondere auf den zugrunde liegenden Wunsch des Bewohners an, ob eine Handlung als vermeidbare Beeinträchtigung anzusehen ist. Es geht aus der Frage nicht klar hervor, ob die Handlung auf Wunsch oder gegen den Willen des Bewohners erfolgt. Davon betroffen sind die Items: „Bewohner nicht rasieren", „Bewohner nicht waschen", „Bewohner nicht ins Freie bringen" und „Bewohner nicht aus dem Bett holen". Diese Handlungen finden sich auf der Rangliste weit oben, sie wurden also relativ häufig (2 – 7 Nennungen) nicht als Gewalt bewertet. Alle anderen Handlungen können schwerlich als vom Bewohner gewünscht fehlinterpretiert werden, bzw. müssten als Vernachlässigung oder Mißhandlung erkannt werden. Mit zwei bzw. drei Nennungen folgen Handlungen, die man in zwei Gruppen einteilen kann:

Die erste Gruppe umfasst Handlungen, die der Arbeitsökonomie zugeschrieben werden können und daher möglicherweise als Ausdruck von Zeitmangel und Überlastung gewertet werden können. Es handelt sich um die Items: „Bewohner aus arbeitsökonomischen Gründen Windeln anlegen", „Bewohner nicht aus dem Bett holen", „Bewohner aus arbeitsökonomischen Gründen fixieren", „Bewohner nicht rechtzeitig umlagern", „Missachten der Privatsphäre von Bewohnern" und „Bewohner aus arbeitsökonomischen Gründen festhalten". Möglicherweise halten die Schüler diese Handlungen für unvermeidbar, weil sie die Folge struktureller Arbeitsbedingungen, wie Zeit- und Personalmangel, sind. Ruthemann stellt hierzu fest: *„...es geschieht eine große Menge von Gewalt, ohne daß irgend jemand eine aggressive, schädigende Absicht hätte. Die meisten Mitarbeiterinnen sind in den meisten Situationen nicht darauf bedacht, andere zu schädigen und dennoch wirkt sich ihr Verhalten tagtäglich als Beeinträchtigung aus"* (Ruthemann, 1993, S. 17). Die Handlung „Diät von Bewohner missachten" steht mit vier Nennungen weit oben in der Rangliste der nicht als Gewalt aufgefassten Handlungen. Ein Grund dafür könnte sein, dass die Zubereitung der Mahlzeiten in der Regel in der Großküche erfolgt und das Nichtbeachten von Diätplänen auf Seiten des Küchenpersonals nicht von den Pflegern als strukturelle Gewalt erkannt wird.

Die zweite Gruppe von Items, die in dieser Größenordnung nicht als Gewalt gewertet wurden, bezeichnet Handlungen, die psychische Mißhandlungen darstellen: „Bewohner absichtlich ärgern", „Bewohner anschreien", „Bewohner verbal bedrohen", „Bewohner verbal beleidigen" und mit nur einer Nennung: „Bewohner beschimpfen". Hier zeigt sich direkte personale Gewalt, die psychisch –emotional auf den

Bewohner wirkt. Dieses Vorverständnis von Gewalt (1-3 Nennungen), das psychische Mißhandlung gar nicht als Gewalt wertet, spiegelt meines Erachtens die allgemeine Auffassung wieder, nur körperlich wirksame Gewalt auch als Gewalt zu bezeichnen.

In der Gruppe der nur einmal genannten Items finden sich Handlungen wie „Bewohner auf Hilfe warten lassen" und „Bewohner durch grobes Anfassen Hämatome zufügen". Sie wurden also überwiegend als Gewalt aufgefasst. Vier Items wurden durchgängig als Gewalt unterschiedlicher Schwere bewertet: Die Mißhandlungen: „Schamgefühle der Bewohner verletzen" und „Bewohnern aus arbeitsökonomischen Gründen „Bedarfspsychopharmaka" geben", sowie die Vernachlässigungen: „Bewohner absichtlich ignorieren" und „Bewohner auf der Toilette warten lassen".

Der Trend, Mißhandlungen stärker mit Gewalt gleichzusetzen als Vernachlässigungen und körperliche Mißhandlung für schwerwiegender zu halten, als psychische, wird bei einem Blick auf die Rangliste der Gewalt unterschiedlicher Schwere noch deutlicher.

Die 13 Items, die Gewalthandlungen beschreiben, wurden im Durchschnitt mit 4,9 Punkten bewertet. Die schwerwiegendsten Misshandlungen sind demnach körperlicher Art: „Bewohner durch grobes Anfassen Hämatome zufügen" (5,7), Bewohner aus arbeitsökonomischen Gründen fixieren" (5,6), „Bewohner aus arbeitsökonomischen Gründen festhalten" (5,4) und „Bewohner aus arbeitsökonomischen Gründen „Bedarfspsychopharmaka" geben"(5,3). Dies macht deutlich, dass die Schüler direkte, personale, körperliche Mißhandlung am stärksten als Gewalt begreifen, auch wenn sie arbeitsökonomisch begründet wird. In der Rangfolge der Gewalt durch Mißhandlung folgen psychische Mißhandlungen, die von „Bewohner verbal beleidigen" (5,1) über „Schamgefühle von Bewohnern verletzen" (4,7) bis zu „Mißachten der Privatsphäre von Bewohnern" (4,3) und „Bewohner zurückweisen" (4,2) reichen. In der Rangliste der Vernachlässigungen zeigt sich diese Tendenz ebenfalls, aber nicht so eindeutig. Das Vernachlässigen körperlicher Bedürfnisse (z.B. „Bewohner nicht waschen" (4,9) oder „Diät von Bewohner missachten" (4,7)) wird für schwerwiegender gehalten, als die Vernachlässigung „Bewohner nicht ins Freie bringen" (3,9). Die Handlungen „Bewohner auf Hilfe warten lassen" (4,0) und „Bewohner auf der Toilette warten lassen" werden möglicherweise auch deshalb als weniger schwerwiegend gewertet, weil sie durch Zeitmangel gerechtfertigt werden und die darin enthaltene strukturelle Gewalt nicht erkannt wird.

Zusammenfassend kann man festhalten, dass in 8,8% der Fälle die Schüler Gewalt nicht als solche erkannt haben. Es zeigt, dass die „alltägliche Gewalt" im Pflegealltag nicht genügend wahrgenommen wird (so auch Meyer, 1998). Gewalt, die nicht als solche wahrgenommen wird, führt zu einem Gewöhnungseffekt und kann eine Abstumpfung gegenüber den Bedürfnissen der alten Menschen bewirken (Ruthemann, 1993). Selbst am Ende ihrer Ausbildung für den Beruf des Altenpflegers nehmen die Schüler körperliche Mißhandlung sehr viel stärker als Gewalt wahr als psychische und Mißhandlung insgesamt stärker als Vernachlässigung. Um die ganze Bandbreite der zum Teil subtilen und strukturellen Gewalt erkennen zu können, ist es also notwendig, die Schüler schon während der Ausbildung für diese Problematik zu sensibilisieren (Knobling, 1988). Das Verständnis für Formen und Ausdruck von Gewalt ist notwendig, um einen Prozess der Auseinandersetzung und Reflexion in Gang zu setzen (Ruthemann, 1993). Die Sensibilisierung für vermeidbare Beeinträchtigungen der alten Menschen muss stärker in der Ausbildung verankert werden.

5.2. Erfahrungen mit Gewalt

Alle der aufgeführten Handlungen wurden von den Schülern schon einmal beobachtet oder selbst begangen. Die prozentuale Häufigkeit der Ja-Antworten liegt zwischen 76,9% und 12%, im Gesamtdurchschnitt 41,6 %. Goergen hat in seiner Untersuchung die Frage differenziert nach selbstberichteten und beobachteten Gewalthandlungen von Pflegekräften gegenüber Bewohnern in den letzten 12 Monaten. Er fand Ja-Antworten von durchschnittlich 15% bei den selbstberichteten und 21,5% bei den beobachteten Gewalthandlungen (Goergen, 2003). Die Differenz der Ja-Antworten in Goergens und der vorliegenden Arbeit kann unterschiedlich interpretiert werden. Die Fragebögen wurden für die Studie von Goergen über die Heim- und Pflegedienstleitungen in Pflegeeinrichtungen verteilt und per Post zurückgesandt. Der Rücklauf war mit 20% niedrig. Die Stichprobe umfasste alle pflegerisch tätigen Personen mit unterschiedlicher Qualifikation. Eine gewisse Bagatellisierung bei der Frage nach Gewalt durch die Mitarbeiter z.B. aus Loyalität zum eigenen Haus oder aus Zweifeln an der Anonymität der Antworten ist nicht auszuschließen. Demgegenüber betrug in dieser Studie der Rücklauf der Fragebögen an die Schüler 100%, und die Stichprobe ist hinsichtlich der Qualifikation und anderer persönlicher Merkmale homogener. Die Art der Fragestellung wurde in dieser Studie ebenfalls bewusst verändert: Es wurde danach gefragt, an welchen Handlungen die Schüler selbst schon einmal beteiligt waren, oder sie bei anderen Pflegekräften beobachtet haben. Die Formulierung vermeidet den Begriff Gewalt und lässt den persönlichen Anteil an der Handlung und damit eine implizite Schuldfrage außer Acht. Auch der Aspekt der „Nestbeschmutzung" ist bei den Schülern möglicherweise weniger ausgeprägt. Zu der großen Differenz beigetragen haben kann auch der unterschiedliche Zeitrahmen. In der Studie von Goergen ist nach Gewalthandlungen im letz-ten Jahr gefragt, in der vorliegenden Studie ist der Zeitraum unbegrenzt. Es ist aber auch denkbar, dass Schüler Gewalthandlungen stärker als solch wahrnehmen als langgedientes Pflegepersonal. Knobling stellt dazu fest, dass Berufsanfänger in der Regel sensibler für Gewalt sind als langjährige Mitarbeiter, weil diese schon zum Selbstschutz gelernt haben, alltägliche Vernachlässigungen und körperliche Beeinträchtigungen, wie z.B. Fixierung, als unvermeidbar zu akzeptieren (Knobling, 1988). Aus dieser Überlegung können zwei Schlussfolgerungen gezogen werden: Zum einen lässt sich über Gewalt besser sprechen, wenn die Angst vor Schuldzuweisung und möglichen Konsequenzen geringer ist; zum anderen muss nicht nur die Sensibilität der Schüler gegenüber Gewalt verbessert, sie muss auch langfristig beim Pflegepersonal erhalten und geschult werden.

Der Durchschnitt der beobachteten oder begangenen Vernachlässigungen liegt mit 51% deutlich höher als der der Mißhandlungen mit 32,3%.

Unter den überdurchschnittlich häufig genannten Vernachlässigungen können die meisten als Auswirkungen von Zeitmangel oder Personalknappheit gewertet werden: „Bewohner auf der Toilette warten lassen", „Bewohner absichtlich ignorieren" „Bewohner nicht ins Freie bringen", „Bewohner auf Hilfe warten lassen" und mit der in 5.1. beschriebenen Einschränkung „Bewohner nicht rasieren" (76,9%). Diese Vernachlässigungen werden am häufigsten beobachtet oder begangen, aber gleichzeitig am wenigsten schwerwiegend als Gewalt eingeschätzt. Dies kann ein Hinweis auf einen Gewöhnungseffekt im Pflegealltag sein: Je häufiger eine Vernachlässigung vorkommt, desto weniger wird sie als Gewalt bewertet und umgekehrt. Die Alltäglichkeit wirkt als normative Kraft, die faktisch verhindert, dass die der Vernachlässigung immanente Gewalt von den Schülern erkannt wird. Für diese Zusammenhänge zu sensibilisieren muss ein Bestandteil der Ausbildung werden.

Die beobachteten oder selbst begangenen Mißhandlungen, die überdurchschnittlich häufig genannt wurden, liegen im Bereich der psychisch-emotionalen Mißhandlung: „Bewohner zurückweisen" (69%), „Bewohner anschreien" (55,6%), „Schamgefühle von Bewohnern verletzen" (37,0%), „Missachten der Privatsphäre von Bewohnern" (37,0%) und „Bewohner beschimpfen" (34,6%). Diesen Misshandlungen wurde ein unterdurchschnittlicher Grad der Schwere der Gewalt unter den Mißhandlungen zugewiesen. Auch hier zeigt sich also das Phänomen, dass häufig beobachtete Mißhandlungen als weniger schwerwiegend gewertet werden, - oder andersherum, dass Handlungen, denen eine geringe Schwere der Gewalt zugeschrieben werden, auch häufiger beobachtet oder begangen werden. Eine Ausnahme von dieser Regel stellt die Handlung „Bewohner aus arbeitsökonomischen Gründen „Bedarfs-Psychopharmaka" geben" dar: Diese wurde häufig beobachtet (51,9%) und wird als Gewalt erheblicher Schwere (5,3 von 6 Ratingpunkten) gewertet. Was „Bedarfspsychopharmaka" betrifft, ist den Schülern offensichtlich stärker bewusst, dass die beobachtete Praxis Gewalt darstellen kann. Möglicherweise ist dies darauf zurückzuführen, dass Wirkungen, Nebenwirkungen und Folgen der Anwendung von Psychopharmaka ausführlich im Rahmen des Fachs Gerontopsychiatrie besprochen wurden und die Problematik der „medikamentösen Fixierung" mit den Schülern diskutiert wurde.

Die körperlichen Mißhandlungen „Bewohner durch grobes Anfassen Hämatome zufügen" (22,2%), „Bewohner aus arbeitsökonomischen Gründen fixieren" (18,5%) und „Bewohner aus arbeitsökonomischen Gründen festhalten" (18,5%) wurden unterdurchschnittlich oft beobachtet oder begangen, und sie wurden für Gewalt größter Schwere gehalten. Körperliche Gewalt wird also als sehr schwerwiegend angesehen und selten beobachtet oder begangen.

Trotzdem macht die Tatsache, dass rund ein Fünftel der Schüler diese körperlichen Mißhandlungen aus dem Pflegealltag kennen, deutlich, dass mehr präventive Maßnahmen gegen Gewalt in der Pflege notwendig sind.

Zusammenfassend kann man festhalten, dass die Schüler Gewalt in erheblichem Umfang im Pflegealltag erleben. Vernachlässigungen werden deutlich häufiger berichtet als Mißhandlungen. Unter den Mißhandlungen sind die psychisch-emotionalen häufiger beobachtet worden als die körperlichen. Gewalthandlungen, die für weniger schwerwiegend gehalten wurden, sind von den Schülern häufiger beobachtet oder begangen worden, als Handlungen die für schwerwiegende Gewalt gehalten wurden. Das Ausmaß der erlebten Vernachlässigungen und Mißhandlungen macht die Notwendigkeit deutlich, das Phänomen Gewalt in der Pflege als multifaktorielles Geschehen zu begreifen und aus verschiedenen kausal begründenden Blickwinkeln zu beleuchten. Das Ziel muss sein, möglichst wirksame

Ansatzpunkte auf verschiedenen Ebenen zu finden, die eine Gewöhnung an alltägliche Gewalt verhindern, Zusammenhänge der Gewaltentstehung aufzudecken und präventive Maßnahmen zu ermöglichen.

5.3. Ursachen für Gewalthandlungen in der Pflege

In diesem Abschnitt des Fragebogens hatten die Schüler die Gelegenheit einzuschätzen, wie stark unterschiedliche Bedingungen zu Gewalt in der Pflege beitragen. Ziel dieser Fragen ist es, aus diesen subjektiven Zuschreibungen Anregungen für relevante Ausbildungsinhalte zur Gewaltprävention zu gewinnen. Die insgesamt 21 Items wurden in vier Bereiche vorstrukturiert (Ratingskala von 0-4):

Strukturelle Bedingungen
Im Team begründete Bedingungen
Persönliche Faktoren
Faktoren auf Seiten des Bewohners.

Die Ergebnisse zeigen, dass die Schüler eine relativ differenzierte Kausalzuschreibung vorgenommen haben. Die insgesamt wichtigsten Gründe für Gewalt liegen nach Meinung der Schüler in der Pflegeperson selbst (im Schnitt insgesamt 3,2 Punkte). Der häufigste Grund ist „Pflegekraft ist überlastet" (3,6 Punkte) gefolgt von „Pflegekraft verliert die Nerven" (3,3 Punkte). An dieser Stelle wäre interessant, welche Gründe die Schüler für die Überlastung der Pflegeperson und das Verlieren der Nerven sehen. Überlastung kann ein Zeichen für übermäßig zu Erschöpfung führende Arbeitsbedingungen sein und damit in Form von struktureller Gewalt Konflikte begründen (Kruse und Schmitt, 1999). Das Verlieren der Nerven mag auf persönliche Unzulänglichkeiten hinweisen, wie auch die Items „Mangelnde Konfliktbewältigungskompetenz der Pflegekraft" (3,1 Punkte) und „Pflegekraft ist für den Beruf ungeeignet" (3,1 Punkte). Während das pauschale Absprechen der Berufseignung eher invariant zu sein scheint, ist die mangelnde Kompetenz, Konflikte zu bewältigen, durch Ausbildung und Schulung zu beeinflussen. In diesem Sinne kann aus den häufigsten Zuschreibungen im Bereich der persönlichen Gründe für Gewalt geschlossen werden, dass der Umgang mit Konflikten auch in der Ausbildung erlernt und damit die Fähigkeit erworben werden muss, gerade im Konfliktfall menschlich mit alten Menschen im Heim umzugehen. (Knobling, 1988).

Fast gleichauf mit persönlichen Gründen werden von den Schülern strukturelle Bedingungen für die Entstehung von Gewalt verantwortlich gemacht (3,1 Punkte im Schnitt insgesamt). Für den ursächlich wichtigsten Faktor wurde „Zuwenig Personal auf der Station" (3,4 Punkte) gehalten, direkt gefolgt von dem Item „Zuwenig Zeit für den einzelnen Bewohner" (3,3 Punkte). Diese beiden subjektiven Zuschreibungen entsprechen dem Stand der öffentlichen Diskussion, dass zuwenig Personal in stationären Altenpflegeeinrichtungen ein Grund für Gewalt in der Pflege ist. (Goergen, 2002). Die hierin enthaltene strukturelle Gewalt gegenüber den Pflegekräften kann tatsächlich bewirken, dass die individuumzentrierte und bedürfnisorientierte Pflege aufgegeben oder nicht realisiert wird zugunsten einer unter Zeitdruck ausgeführten „Grundversorgung" („Satt-und-sauber-Pflege"). Dass dabei elementare menschliche Bedürfnisse der Bewohner unbefriedigt bleiben und gleichzeitig die ethischen Ansprüche der Pflegepersonen an humane Pflege immer mehr geopfert werden, kann Gewalt in der Pflege begründen. Ebenfalls mit 3,3 Punkten wurde „Zuwenig Fachwissen über gerontopsychiatrische Krankheitsbilder" genannt und mit 3,1 Punkten „Zuviel gering qualifiziertes Personal". Die Schüler nehmen also offensichtlich geringe Qualifikation und mangelnde Kenntnisse als ursächlichen Grund für Gewalt wahr. Besonders der Umgang mit gerontopsychiatrisch veränderten Menschen bedarf des Fachwissens, wie später bei den offenen Fragen noch deutlicher wird. Dass das Item „Mangelhaftes Fortbildungsangebot" mit nur 2,7 Punkten für am wenigsten wichtig gehalten wurde, steht im Widerspruch zu den oben genannten Ergebnissen. Möglicherweise werden die Fortbildungen häufig als zu wenig effektiv erlebt und entsprechen nicht den Bedürfnissen des Pflegepersonals im praktischen Alltag. Die Bewertung „ungünstiger Dienstpläne" mit 3,0 Punkten, ist als struktureller Belastungsfaktor von Bedeutung. Dienstpläne, Personalschlüssel und Anteil der gering qualifizierten Mitarbeiter liegen nicht im Gestaltungsbereich der schulischen Ausbildung, aber die Auseinandersetzung mit diesen Arbeitsbedingungen kann die Schüler motivieren, Zusammenhänge zu erkennen und auch auf berufspolitischem Weg Lösungen zu suchen (Knobling, 1988).

An dritter Stelle der Kausalzuschreibungen für Gewalt in der Pflege stehen Faktoren, die das Team betreffen (insgesamt im Schnitt 2,8 Punkte). Die wichtigsten Punkte waren hierbei „Uneinigkeit im Team" (3,1 Punkte), gefolgt von „Zuwenig Austausch über den Bewohner" (3,0 Punkte) und „Kein einheitliches Konzept" (2,9 Punkte). Diese drei Faktoren machen im Umkehrschluss deutlich, dass ein gemeinsames Vorgehen nach einem einheitlichen, im Team akzeptierten Pflegekonzept die Gefahr von Gewalt in der Pflege verringern würde. Möglicherweise begründet die mangelnde Zusammenarbeit im Team Unsicherheit und Überforderung des Einzelnen, was wiederum zu Konflikten führen kann. Für die Ausbildung in der Schule, die ja wenig direkten Einfluss auf das Team hat, bleibt die Erkenntnis, dass es nicht nur darum gehen kann, Pflegetheorien und Konzepte zu vermitteln, sondern den Schülern auch die Entwicklung von Kooperationsbereitschaft und Teamfähigkeit zu ermöglichen. Die Items „Unzureichende Mitarbeiterkontrolle durch die Heimleitung" (2,6 Punkte) und „Ungerechte Arbeitsverteilung" (2,4 Punkte) wurden relativ für am wenigsten Gewalt begründend gehalten.

An letzter Stelle der Ursachen, die zu Gewalt in der Pflege beitragen können, stehen Faktoren auf Seiten des Bewohners (insgesamt im Schnitt 1,8 Punkte). Die häufigsten subjektiven Zuschreibungen betreffen die Items „Bewohner ist besonders schwierig" (2,6 Punkte) und „Bewohner hat die Pflegekraft zuvor provoziert" (2,3 Punkte). Wenn die Ursache für Gewalt also dem Bewohner zugeschrieben wird, dann aus einer konfliktreichen Interaktion heraus, die von der Pflegekraft als provozierend, also absichtlich herbeigeführt interpretiert wird. Kaum eine Rolle spielen „Bewohner ist besonders hilflos" (1,3 Punkte) und Bewohner ist inkontinent" (0,8 Punkte). Unterstützung bei körperlicher Hilfsbedürftigkeit deckt sich am stärksten mit dem beruflichen Selbstverständnis einer Pflegekraft und wird sicher schon aus diesem Grund als weniger Gewalt auslösend erachtet. Interessant ist der Punkt „Bewohner ist geistig verwirrt" (2,0 Punkten), der eine Zwischenstellung zwischen schwierigem, provozierendem Verhalten und körperlicher Hilfsbedürftigkeit einnimmt. Man kann daraus schließen, dass der Umgang mit geistig verwirrten Menschen für konfliktreicher und stärker zu Gewalt disponierend gehalten wird, als der pflegerische Umgang mit körperlichen Gebrechen. Da die Häufigkeit gerontopsychiatrischer Erkrankungen bei den Bewohnern von stationären Alteneinrichtungen anteilsmäßig stark zunimmt, zeigt sich auch hier die Notwendigkeit, die Schüler besser mit diesen Krankheitsbildern vertraut zu machen. (Weyerer, Schäufele, 1999).

Zusammenfassend kann festgehalten werden, dass die Schüler die Ursachen für Gewalt in der Pflege besonders in Faktoren, die die Pflegeperson sich selbst zuschreibt und in strukturellen Bedingungen des Pflegealltags sehen. Diese Einschätzung stimmt weitgehend mit den Ergebnissen von Goergen überein, der 1999 80 Pflegepersonen zu diesem Thema befragt hat. (Goergen, 2003). Interessant im Sinne dieser Arbeit ist die Frage, welche Aspekte sich für die Lehrinhalte in der Ausbildung aus den subjektiven Kausalzuschreibungen der Schüler ergeben. Herauskristallisiert haben sich grob die Bereiche „Konfliktbewältigung", „Kooperationsbereitschaft und Teamfähigkeit", sowie „Fachwissen über gerontopsychiatrische Krankheitsbilder". Der folgende Abschnitt wird sich dezidiert mit der Frage beschäftigen, welchen Beitrag Ausbildungsinhalte nach Meinung der Schüler zur Gewaltprävention leisten.

5.4. Beitrag der Ausbildungsinhalte zur Vermeidung von Gewalt

Die Schüler hatten die Möglichkeit, mittels einer Ratingskala von 0-4 Punkten anzugeben, welche Ausbildungsinhalte sie für besonders geeignet halten, um Gewalt in der Pflege abzubauen. Dabei ging es um die Inhalte der zurückliegenden Ausbildung, wie sie die Schüler erlebt haben, und nicht um wünschenswerte künftig zu gestaltende. Auch können sie inhaltlich grob den Unterrichtsfächern zugeordnet werden, was möglicherweise dazu geführt hat, dass die Bewertung des Faches und der entsprechenden Lehrkraft mit in die Beurteilung eingeflossen ist. Die Ergebnisse sind also sehr spezifisch für diese Klasse und können nicht generalisiert werden. Dies ist bei der Interpretation zu berücksichtigen. Trotzdem zeigt sich auch hier ein bemerkenswerter Trend: Die größte Bedeutung schreiben die Schüler dem „Wissen über gerontopsychiatrische Krankheitsbilder" (3,6 Punkte) zu. Offensichtlich trägt das Verständnis für die psychischen Erkrankungen alter Menschen und die Auseinandersetzung mit gerontopsychiatrischen Versorgungsformen (Lehrplan, 2000) nach Meinung der Schüler erheblich zur Vermeidung von Gewalt bei. Ebenfalls von großer Bedeutung ist der Ausbildungsinhalt „Verständnis für biographische und soziale Zusammenhänge" (3,5 Punkte). In den neueren Pflegekonzepten wird der Aspekt der „Klientenorientierung" immer wichtiger. Das Eingehen auf individuelle Bedürfnisse und die Orientierung an der Lebenswelt des alten Menschen sollen eine Richtschnur pflegerischen Handelns sein. Eine wichtige Voraussetzung hierfür liegt in der Kenntnis individueller biographischer Zusammenhänge sowie des allgemeinen sozialen und soziologischen Kontextes. Es ist gut nachvollziehbar, dass die Schüler dieses Verständnis auch für wichtig halten, um Gewalt zu vermindern. Gleichrangig werden von den Schülern folgende Punkte genannt: „Wissen über körperliche Krankheitsbilder", „Reflexion des eigenen pflegerischen Handelns" und „Praktische Erfahrung im Umgang mit den Bewohnern" (je 3,4 Punkte). Kenntnisse über körperliche Krankheitsbilder sind geeignet, das pflegerische Handeln fachlich zu begründen und Verständnis für die Lebenssituation des Bewohners aufzubringen. In diesem Sinne kann das Wissen Unsicherheit und Überforderung abbauen und zu Reduzierung von Gewalt beitragen. Die praktische Erfahrung im Umgang mit den Bewohnern und die Reflexion des eigenen pflegerischen Handelns ist meines Erachtens ein Schlüssel für die persönliche Entwicklung der Pflegeschüler. Die Reflexion eigenen pflegerischen Handelns ist wichtig, um die Interaktion mit dem Pflegebedürftigen nachzuvollziehen, zu verstehen und Konfliktpotentiale zu erkennen. So verstanden wird auch deutlich, warum die Schüler diesen Punkten für die Vermeidung von Gewalt große Wichtigkeit beimessen. Die Lehrinhalte „Verständnis psychologischer Zusammenhänge" und „Praktische Pflegekonzepte für psychisch veränderte Bewohner" wurden von den Schülern mit 3,2 Punkten bewertet. Das Fach Psychologie soll die Schüler befähigen, Altern als Entwicklungsprozess zu verstehen und die besondere Situation alter Menschen hinsichtlich ihrer Verluste und Kränkungen sowie notwendiger Verarbeitungsprozesse zu begreifen. Ebenso sollen die Schüler in der Selbstwahrnehmung geschult werden, um psychische Belastungen in ihrem Beruf besser zu erkennen und eigenes Verhalten hinterfragen zu können. Die Wechselwirkungen im Pflegeprozess und Störungen in den Beziehungsebenen sollen sie erfassen können (Lehrplan, 2000). Insofern ist dieses Fach besonders wichtig, um präventiv gegen Gewalt tätig zu werden. Möglicherweise haben die Schüler diese Bedeutung unterschätzt oder der Unterricht ist dem Anspruch des Lehrplans in ihren Augen nicht gerecht geworden. Der Inhalt „Pflegekonzepte für psychisch veränderte Bewohner" ist ein Teilgebiet des Faches Neurologie und Gerontopsychiatrie. Möglicherweise klaffen hier die in der Schule vermittelten theoretischen Betreuungs- und Rehabilitationsmöglichkeiten für psychisch kranke Menschen und die im Stationsalltag umsetzbaren Erkenntnisse für die Schüler weit auseinander. Die Bedeutung, die schlüssige Pflegekonzepte für die Gewaltprävention haben, ist von den Schülern nicht in der erwarteten Weise wahrgenommen worden. „Praktische Möglichkeiten der Lebensraum- und Lebenszeit-Gestaltung" (2,9 Punkte) wurde zu den drei am wenigsten wichtigen Inhalten für die Vermeidung von Gewalt gezählt. Offensichtlich hat sich den Schülern nur in geringem Maße erschlossen, inwieweit eine sinnvolle Beschäftigung einen Beitrag zur Gewaltvermeidung leisten kann. Dass „praktischen Übungen in Kommunikation und Gesprächsführung" (2,8 Punkte) ein so geringer Stellenwert in Bezug auf Gewaltreduktion beigemessen wurde, mag verwundern. De facto liegt der Schwerpunkt dieses Fachinhaltes, der dem Fach Deutsch zugeordnet ist, aber auch nicht auf der Einübung von Gesprächstechniken in Konfliktsituationen und quasi therapeutischen Gesprächen im Sinne einer Intervention bei drohender Gewalt. Wie später bei den offenen Fragen deutlich werden wird, sind die

Schüler sehr wohl von dem Nutzen Konflikt reduzierender, deeskalierender Gesprächstechniken überzeugt. An letzter Stelle wurde der Inhalt „Auseinandersetzung mit Pflegemodellen und Pflegetheorien" (2,7 Punkte) genannt. Die Bedeutung, die Pflegemodelle für die pflegerische Beziehung und das professionelle Selbstverständnis haben, wurde in seiner Tragweite für die Vermeidung von Gewalt nicht gesehen. Die Auseinandersetzung mit dem Pflegebild ist geeignet, die eigene Erwartung an die Rolle des Pflegenden und die Position des zu Pflegenden zu reflektieren und die Pflegebeziehung mit ihren Machtverhältnissen und komplexen Interaktionsmustern zu durch schauen. Möglicherweise entspricht diese Einschätzung der weit verbreiteten Schülermeinung, Theorie sei etwas eher Abstraktes, das wenig praktischen Nutzen für die tägliche Arbeit biete.

Für eine zusammenfassende Bewertung ist von dem Grundsatz auszugehen, dass alle Lehrinhalte zum professionellen pflegerischen Umgang der Schüler mit den zu Pflegenden beitragen sollen. Zwar soll hier nicht der Eindruck entstehen, es gäbe wichtige und unwichtige Fächer. Was sich aber als besonders wichtig für die Gewaltprävention aus Sicht der Schüler herauskristallisiert hat, sind Kenntnisse über gerontopsychiatrische Krankheitsbilder und das Verständnis für biographische und soziale Zusammenhänge. Dies kann als wichtige Anregung für einen neuen Lehrplan festgehalten werden.

5.5. Interpretation der offenen Fragen

5.5.1. Persönliche Erfahrung mit Gewaltprävention

Die Antworten auf die Frage, was den Befragten persönlich am meisten hilft, Gewalt zu vermeiden, lassen sich grob in zwei Bereiche einteilen:

- Eigene Möglichkeiten, die die akute Situation betreffen, sowie die professionelle Auseinandersetzung mit dem Thema auch im Team
- Strukturelle Verbesserungen wie Organisation der Arbeit (Dienstpläne) und Teamarbeit

Die persönlich als hilfreich empfundenen Möglichkeiten spiegeln - vereinfacht dargestellt - die Bereiche wider, die auch schon bei den Kausalzuschreibungen für Gewalt eine wichtige Rolle spielten. Dabei findet sich der dritte, das Team betreffende Aspekt in den beiden anderen, persönliche Faktoren und strukturelle Bedingungen, gleichermaßen wieder.

- *Persönliche Möglichkeiten*
  Eine persönliche Möglichkeit der Gewaltvermeidung in einer akuten Situation wird darin gesehen, sich der Situation kurzfristig zu entziehen und eventuell einen Kollegen um Ablösung zu bitten (8 Nennungen). Die konkreten Vorschläge („rausgehen", „bis 10 zählen", „tief durchschnaufen") entsprechen den allgemeinen Annahmen darüber, wie eine zu Gewalt tendierende Situation entschärft werden kann. Diese Strategien sind im zwischenmenschlichen Alltag erlernt und erprobt, sie können nicht als spezifische professionell erlernte Verhaltensweisen aufgefasst werden. In dieselbe Richtung geht der Vorschlag, eine Situation durch Humor zu meistern. Auch die ist eine gute, alltäglich erprobte Möglichkeit, deeskalierend zu wirken. Weitere Vorschläge (18 Nennungen) setzen berufliches Lernen voraus, um situationsgerecht handeln zu können. Thematisch nennen die Schüler die Auseinandersetzung mit der Biographie des Bewohners mit dem Ziel, Verständnis und Empathie für den Bewohner aufzubringen. Dieser Aspekt wurde auch schon bei der Angabe der Lehrinhalte, die zur Gewaltprävention beitragen, für sehr wichtig gehalten. In diesen Zusammenhang sind auch die Angaben einzuordnen, die das Wissen um die Krankheitsbilder, und hier besonders um die gerontopsychiatrischen Krankheitsbilder, für persönlich hilfreich erachten. Auch dieser spezifische Inhalt fördert das Verständnis für die Lebenssituation eines Bewohners und unterstützt die Pflegeschüler so bei der Vermeidung von Gewalt. Sehr häufig (insgesamt 25 Nennungen) wurde die Reflexion des eigenen Handelns im weitesten Sinne als persönlich besonders hilfreich angesehen. Sechs Schüler schlagen vor, persönliche Distanz zu gewinnen und später die Entstehungsbedingungen der Situation zu reflektieren. Vier Schüler geben Supervision als sinnvoll an, und insgesamt 15 Schüler versuchen, das Problem Gewalt im Kollegenteam zu lösen. Allen diesen Vorschlägen ist gemeinsam, dass die Vermeidung von Gewalt durch Aussprache und Reflexion im Team erreicht werden soll. Das eigene Handeln und das der Kollegen wird also unter die soziale Kontrolle des Arbeitsteams gestellt, was zum einen eine entlastende, und zum anderen aber auch eine professionalisierende und erzieherische Funktion hat. Aus diesen Gesprächen soll ein gemeinsamer Konsens über das pflegerische Vorgehen entstehen, was wiederum zu ganz praktischen Handlungsanweisungen führt.

Aus den Schülerantworten wird deutlich, dass die präventiven Möglichkeiten zu einem guten Teil in der Weiterentwicklung der persönlichen Handlungskompetenz gesehen werden. Der eine wichtige Aspekt zielt dabei auf Verständnis und Empathie für den Bewohner durch die persönliche Auseinandersetzung mit seiner Lebensgeschichte und der andere Aspekt auf die Reflexion pflegerischen Handelns im Arbeitsteam oder im Rahmen einer Supervision. Beide Gesichtspunkte sind inhaltlich wichtig für den neuen Lehrplan.

*   *Strukturelle Möglichkeiten*
    Als wichtigen Beitrag zur Gewaltprävention nennen die Schüler den Ausgleich zwischen Arbeit und Freizeit (21 Nennungen). Hierbei spielt der Aspekt der Regeneration eine entscheidende Rolle. Das Vermeiden von Erschöpfung und Überlastung und der psychische Ausgleich bei Familie und Freunden wird als wichtiger Beitrag zur Gewaltprävention angesehen. In diesem Zusammenhang ist eine arbeitsorganisatorisch entscheidende Voraussetzung eine ausreichende Personaldecke und Dienstpläne, die genügend lange Pausen lassen (7 Nennungen). Die Schüler erkennen also in der Mehrzahl, dass neben allem persönlichen und beruflichen Engagement auch die strukturellen Arbeitsbedingungen ausreichend sein müssen, um Gewalt in der Pflege vorzubeugen.

5.5.2. Vorschläge zur Gewaltprävention im Hinblick auf die Ausbildung und die Gestaltung eines neuen Lehrplans

Hätten die Schüler die Gelegenheit, an einem neuen Lehrplan mit zu arbeiten, würden sie in Bezug auf Gewaltprävention einige neue Schwepunkte setzen. Aus den Antworten ergeben sich zwei Strömungen auf die Frage, wie das Thema Gewalt angegangen werden kann: die eine hat einen theoretisch analytischen Schwerpunkt, die andere einen praktisch situationsbezogenen. Aus den Antworten geht auch hervor, dass sich die Schüler eine Vernetzung beider Lehrinhalte wünschen, so dass sie praxisnah und umsetzbar sind. Dieser Ansatz wird auch in dem Konzept der Lernfelder in der neuen Ausbildung verfolgt.

Zunächst suchen die Schüler nach Erklärungen für das Phänomen Gewalt (12 Nennungen). Dazu gehört die Analyse der besonders arbeitsreichen und stressintensiven Zeiten in der Pflege, die für Gewalt anfälliger machen. Das kommt einer strukturellen Analyse der Arbeitsbelastungen in der Altenpflege, wie sie auch Zimber und

Weyerer dargestellt haben, sehr nahe. (Zimber, Weyerer, 1999). Im gleichen Umfang nennen die Schüler die Analyse der Gewaltformen und die Entstehungsbedingungen für Gewalt in der pflegerischen Interaktion. Die Schüler erkennen, dass für das Verständnis von Gewalt neben der Auseinandersetzung mit Gewaltformen die Reflexion eigenen pflegerischen Handelns im Umgang mit alten Menschen unumgänglich ist. Sie wollen die Konflikte, die einer Gewaltsituation vorangehen, und die darin enthaltene Dynamik erkennen lernen, so dass im Vorfeld schon eine Eskalation vermieden werden kann.

Der letzte wichtige theoretische Aspekt bezieht sich auf das Verständnis gerontopsychiatrischer Erkrankungen. Hier wird die erwünschte Verknüpfung mit der Praxis besonders deutlich: Die Schüler möchten einerseits Verhalten psychiatrisch beeinträchtigter alter Menschen erklären und verstehen können. Das ermöglicht ihnen, Verhalten auch als Ausdruck einer Erkrankung zu begreifen, Distanz zu vordergründigen Konflikten zu bekommen und die sich im Verhalten ausdrückenden Grundbedürfnisse oder Ängste wahrzunehmen. In einem zweiten Schritt möchten die Schüler Interaktionsformen kennen lernen und einüben, die ihnen quasi als Handwerkszeug helfen, Konflikte zu entschärfen, zu Gewalt tendierende Situationen zu umgehen und trotzdem die Empathie für den kranken Menschen nicht zu verlieren.

Mit 17 Nennungen sind die Wünsche zu praktischen Maßnahmen und Übungen sehr zahlreich. Praxisnah und „ohne Phrasen" wünschen sich die Schüler Übungen, Rollenspiele, Diskussionen zu den Themen Konfliktbewältigung, Umgang mit Stresssituationen, Umgang mit psychisch veränderten alten Menschen sowie Kommunikation und Gesprächsführung. Es wird deutlich, dass die Schüler einen schulischen Unterricht wünschen, der ihnen das Erlernen und Reflektieren von Interaktionshandlungen ermöglicht. Dieses Lernen muss angeleitet und planvoll im „Schonbereich" der Schule stattfinden und nicht in Form eines mehr oder minder unreflektierten, zufälligen Ansammelns „beruflicher" pflegerischer Erfahrungen. In diesen Bereich fallen mit 7 Nennungen auch die Aspekte Psychohygiene und Supervision. Das Erlernen von Entspannungstechniken in der Schule, die Reflexion belastender Erlebnisse und Selbsterfahrung sind geeignet, um Belastungen besser aushalten zu können, die eigenen Grenzen zu erkennen und zu akzeptieren. Die Gefahr von Überforderung, Enttäuschung hoher persönlicher Erwartungen und beruflichem „burnout" kann so verringert werden (vergl. auch Knobling, 1988). Dabei trennen die Schüler nicht genau, ob sie die Supervision eher als allgemeine Reflexion und Selbsterfahrung in der Schule wünschen oder fallorientiert im Stationsteam. Supervision im Team ist von Seiten der Schule nicht zu leisten, es wäre aber denkbar, im Rahmen der Ausbildungsvereinbarungen darauf hinzuwirken, dass Supervision angeboten werden kann.

Drei Schüler sprechen sich dafür aus, die rechtlichen Konsequenzen und Möglichkeiten der Intervention bei Vorgesetzten zu behandeln. Es ist wichtig, die rechtlichen Rahmenbedingungen zu kennen, um zu wissen, wo klare juristische Grenzen gesetzt sind und welche Konsequenzen ihr Überschreiten haben kann. Damit kann das Unrechtsbewusstsein gegenüber Gewalt geschärft werden und die Vermeidung von Gewalt neben dem humanitären, ethisch-moralischen Aspekt eine gesetzliche Begründung erfahren. Der zweite Gesichtspunkt, Schülern den Rücken zu stärken, Gewalt auch gegenüber Vorgesetzten anzusprechen, verlangt die Förderung von Zivilcourage. Dieser Wunsch kann dahingehend aufgefasst werden, dass neben der Professionalisierung im konkreten pflegerischen Tun die Schule auch die Aufgabe hat, die Persönlichkeit zu fördern und zu stärken, damit sich die angehenden Pflegekräfte im Nahfeld und gesellschaftlich allgemein für eine humane Pflege einsetzen können. Knobling misst gerade diesem Aspekt eine große Bedeutung bei. Ein angehender Altenpfleger muss damit rechnen, auf defizitäre Arbeitsbedingungen und rigide Organisationsstrukturen zu stoßen, die er einerseits aushalten können muss und die er andererseits kreativ zu überwinden trachten muss. Die Diskrepanz zwischen Anspruch und Wirklichkeit darf ihn nicht zerbrechen, aber auch nicht abstumpfen für das Leid und die menschlichen Bedürfnisse der alten Menschen (Knobling, 1988, S. 274). Auch hierzu kann die Schule im Hinblick auf Gewaltprophylaxe einen Beitrag leisten.

5.5.3. Vorschläge zur Gewaltprävention im Hinblick auf den Arbeitsplatz

Strukturen und Organisationsformen am Ausbildungsplatz unterliegen nicht direkt der schulischen Kontrolle. Aber die Kooperation zwischen ausbildender Einrichtung und Schule ermöglicht, Einfluss zu nehmen und Verbesserungen anzuregen. Außerdem besteht auch auf politischer Ebene (z.B. Wohlfahrtsverbände, Pflegeausschuss des Landes oder des Bundes) die Möglichkeit, sich für bestimmte Standards, z.B. Personalausstattung, Dienstzeiten, Anleitung im Team und Bezahlung der Schüler einzusetzen. Die Frage, welche Maßnahmen die Schüler am Arbeitsplatz für wichtig halten, um Gewalt zu vermeiden, hat also weniger eine konkrete Gestaltungsdimension für den Lehrplan, sondern vielmehr eine langfristige Bedeutung für die Richtlinien der praktischen Ausbildung in der Einrichtung und für die Ausgestaltung der Ausbildungsverträge.

- *Arbeit im und als Team*
  25 Nennungen beziehen sich auf die Zusammenarbeit im Team. Nach Ansicht der Schüler ist ein offener, problemorientierter Umgang mit dem Thema Gewalt eine Möglichkeit, rechtzeitig Hilfestellungen zu geben und Gewalthandlungen zu vermeiden. Wie auch schon bei der Frage, was persönlich helfe, Gewalt zu vermeiden (Punkt 5.5.1.), wird auch hier wieder deutlich, dass Gespräche über Gewalt und Ansprechen von Vorfällen im Team und gegenüber Vorgesetzten die Gleichgültigkeit gegenüber und die Gewöhnung an Gewalt vermindern können. Neben dem Aspekt der Ratsuche haben die Schüler auch dem Gesichtspunkt der Kontrolle Bedeutung zugeschrieben.

- *Strukturelle Verbesserungen*
  Ein großer Teil der Schüler wünscht sich mehr Zeit für die individuelle und personenzentrierte Pflegearbeit mit dem Bewohner. Den Schülern ist durchaus bewusst, dass Biographiearbeit, Eingehen auf besondere Bedürfnisse der Bewohner, Fördern der noch vorhandenen Ressourcen und gemeinsame Beschäftigung dazu beitragen, das Klima und das Wohlbefinden zu verbessern und Konflikte zu vermindern. Wie weit der Anspruch der erlernten pflegerischen und gestalterischen Möglichkeiten und die realen Bedingungen vor Ort auseinanderklaffen, machen die Schüler besonders am Problem der Zeit fest. Dazu muss man kritisch anmerken, dass Zeitmangel tatsächlich ein strukturelles Problem sein kann, weil z.B. der nötige Zeitaufwand für einen Menschen mit dementieller Erkrankung im Pflegeschlüssel der Pflegekassen unterbewertet wird. Zusätzliche organisatorische und hauswirtschaftliche Aufgaben können das Problem ebenso verschärfen, wie eine durch dünne Personaldecke verursachte peronelle Unterbesetzung der Station in bestimmten Situationen (Urlaub, Krankheit, Fortbildung von Kollegen). Zeitmangel kann aber auch als willkommene allgemeine Entschuldigung mißbraucht werden. Betrachtet man nicht nur das „objektive Pflegeergebnis" (im Sinne von satt, sauber und sozial präsentabel versorgt), sondern die Qualität des Pflegeprozesses selbst , also die Frage: wie findet die pflegerische Interaktion statt, so zeigt sich, dass die Pflegequalität bei gleichem Zeitaufwand sehr unterschiedlich sein kann (Müller-Hergl, 2002). So kann ein alter Mensch in derselben

Zeit und bei derselben Pflegehandlung (z.B. Grundpflege) „fertig gemacht" werden, ohne dass sein Bedürfnis nach Zuwendung, Wertschätzung seiner Person und Bestärkung der eigenen Handlungsfähigkeit befriedigt worden wäre; oder er kann so behandelt werden, dass eine geglückte Interaktion sein Wohlbefinden und damit seine Zufriedenheit steigert. Die einfache Kausalkette, „hätten wir mehr Zeit, würde es keine Gewalt in der Pflege geben" wird zwar gern von den Schülern genannt, vereinfacht das Problem aber in unzulässiger Weise. Der Auftrag an die Schule kann in diesem Sinne also auch lauten: wie kann der Pflegeprozess bei gegebener Zeit so gestaltet werden, dass er als geglückte Interaktion geeignet ist, Gewalt abzubauen.

Der zweite Bereich struktureller Verbesserungen, die sich die Schüler wünschen, bezieht sich mit 10 Nennungen auf das Pflegepersonal. Dabei kristallisieren sich zwei Aspekte heraus: Zum einen wird schlicht ein höherer Personalschlüssel gewünscht, also mehr Personal, zum anderen besser qualifiziertes Personal. Der höhere Personalschlüssel, also mehr Pflegekräfte, die zur selben Zeit für die Pflege zur Verfügung stehen, kann ähnlich bewertet werden, wie der Faktor Zeit. Der Wunsch nach mehr Mitarbeitern ist, wie der Wunsch nach mehr Zeit, als Maßnahme zur Gewaltprävention verständlich und entspricht auch der öffentlichen Meinung (Goergen, 2003). Tatsächlich kommt es bei Personalmangel zu einer verstärkt routinehaften, schematisierten Pflege, die sich an den vermeintlichen Grundbedürfnissen – und das sind immer noch in erster Linie die körperlichen Bedürfnisse – orientiert. *„Das bedeutet, dass betreuende Arbeit, die man nicht sehen kann, am ehesten entfällt"* (Meyer, 1998, S. 83). Auch hier gilt, dass die Qualität des Pflegeprozesses nicht allein von der Zahl der zur Verfügung stehenden Pflegekräfte abhängt; jedoch ist eine stets hohe Arbeitsbelastung einzelner Pflegekräfte einer geduldigen einfühlenden Kommunikation auch nicht förderlich (Petzold, 1992). Die permanente Diskrepanz zwischen dem eigenen ethischen und professionellen Anspruch an die Pflege und dem tatsächlich Leistbaren kann gerade bei den engagierten Pflegekräften zu Aggressionen führen und ein Nährboden für Gewalt werden (Kruse, Kröhn, Langerhans, Schneider., 1992).

Ein anderer Aspekt ist die Personaldecke insgesamt. Ist sie zu dünn, müssen bei plötzlicher Erkrankung Pfleger aus dem „frei", also der dienstfreien Zeit, die den Pflegekräften zur Erholung zusteht, geholt werden und spontan einspringen. Das führt zu erheblicher Verunsicherung und auch zu tätsächlicher starker persönlicher Belastung (Schüler haben mir erzählt, dass sie an freien Tagen grundsätzlich nicht selber ans Telefon gehen aus Angst, sie würden vom Arbeitgeber für eine Vertretung angefordert). Um diese Belastung zu vermeiden, wäre eine Organisation nötig, die Bereitschaft oder Vertretung ausdrücklich vorsieht und mit ausreichend Personal abdeckt, damit der „Notfall" nicht zum „Regelfall" wird. Dieser Aspekt betrifft die Gewaltprävention durch Vermeidung von Arbeitsüberlastung, wie sie auch Kruse und Schmitt dargestellt haben: Hohe zeitliche Beanspruchung und unzureichende Planungsmöglichkeit führen zu Konflikten im Team und möglicherweise auch zu einer Abstumpfung gegenüber den Bedürfnissen der Bewohner (Kruse, Schmitt, 1999).

Der Gesichtspunkt der besseren Qualifikation des Personals zeigt, dass der Zusammenhang zwischen geringer Qualifikation, Überforderung und Gefahr von Gewalt für die Schüler eine wichtige Rolle spielt. Dieser Aspekt war auch schon in den Kausalzuschreibungen für Gewalt erkennbar und kann in zwei Richtungen interpretiert werden:

Zum einen wird damit die formale Qualifikation der Mitarbeiter berührt, also die Zusammensetzung des Personals hinsichtlich des Anteils an examinierten Fachkräften, Pflegehelfern, Schülern und angelernten Kräften. Fachliche Meinungsverschiedenheiten und ein unterschiedliches Pflegeverständnis können zu heftigen Spannungen in einem Team führen und sich auf Dauer demotivierend auswirken (Ruthemann, 1993). Ebenso kann eine geringe fachliche Qualifikation das Gefühl von Hilflosigkeit und Überforderung verstärken und Gewalt begünstigen.

Zum anderen ist die inhaltliche Qualifikation, also die Qualität der Aus- und Weiterbildung von großer Bedeutung. Auch die examinierten Mitarbeiter eines Teams haben unter Umständen eine Pflegeausbildung mit sehr unterschiedlichen Ausbildungsinhalten durchlaufen. Da Pflegekonzepte und Pflegeziele aber einem steten Wandel unterliegen, bedarf es der ständigen Auseinandersetzung im Team über ein gemeinsames Vorgehen. Eine Verständigung über Pflegekonzepte und kollegiale Zusammenarbeit bei unterschiedlicher Qualifikation der Mitarbeiter ist eine wichtige Voraussetzung für die Zufriedenheit im Arbeitsalltag (Kruse, Kröhn, et al., 1992). Auf die große Bedeutung von Fort- und Weiterbildungen der einzelnen Mitarbeiter, aber auch des gesamten Teams wird noch einzugehen sein.

Eine dritte strukturelle Verbesserung, die zu Gewaltprävention beitragen kann, sehen die Schüler in der Gestaltung der Dienstpläne (9 Nennungen). Die Organisation der Dienstpläne steht in engem Zusammenhang mit der Personaldecke und den gesetzlichen Vorgaben zur Qualifikation der Mitarbeiter. Arbeitsökonomisch sinnvolle Regelungen, wie z.b. geteilte Dienste, oder gestückelte Dienste nur zu bestimmten, sehr personalintensiven Zeiten werden von den Schülern als belastend und wenig familienfreundlich empfunden. Der Wunsch der Schüler nach flexiblen und „vernünftigen" Dienstplänen, die auch längere Pausen zur Regeneration vorsehen, zeigt, wie wichtig der Ausgleich zwischen arbeitsökonomischen Vorstellungen und persönlichen Bedürfnissen der Mitarbeiter ist (Kruse, Kröhn et al., 1992).

- *Fort- und Weiterbildung*
  In den Vorschlägen, Fort- und Weiterbildungen zu nutzen, um Gewalt gegen alte Menschen zu vermindern (9 Nennungen), kommen wieder Facetten zum Ausdruck, die sich auch schon bei den Vorschlägen für den Lehrplan herauskristallisiert haben. Zum einen sind praxisnahe Fortbildungen zum Thema Gewalt selbst gefragt. Hier ließe sich durch Thematisieren von Ursachen und Formen von Gewalt eine Sensibilisierung der Pflegekräfte erreichen. Das aufmerksame Hinschauen kann in einem Team einen Prozess der Auseinandersetzung und Hinterfragung von alltäglichen und vermeidbaren Beeinträchtigungen alter Menschen fördern. Damit kein Klima des Vertuschens, Herunterspielens und Bagatellisierens von Gewalthandlungen entsteht oder bestehen bleibt, ist es wichtig, einen mehrschichtigen Prozess anzuregen, der Entstehungsbedingungen von Gewalt aufdeckt und Veränderungen sucht (Hirsch, 2001). Für die Schüler ist es wichtig, dass alle Pflegekräfte, auch „alte Hasen", an den Fortbildungen teilnehmen. Diese Forderung kann zum einen Ausdruck von Kritik sein an den erfahrenen Kräften, die den Eindruck erwecken, Fortbildung nicht nötig zu haben, zum anderen ist sie als Wunsch zu verstehen, das Team auf einen gemeinsamen Weg zu bringen. Zum anderen wünschen sich die Schüler praktische Übungen zu Konflikt- und Stressbewältigung. Dieser Wunsch wurde auch für den Lehrplan der Ausbildung geäußert und macht deutlich, dass die Schüler mehr Handlungskompetenz für schwierige Situationen suchen und brauchen. Ein letzter Aspekt zielt auf die Angehörigen. Eine Schülerin fordert, die Angehörigen über das Krankheitsbild des Klienten zu informieren und sein Verhalten zu erklären. Es wird nicht ganz klar, ob die Schülerin Gewalt zwischen

dem Klienten und seinen Angehörigen reduzieren will, oder ob die Aufklärung dazu dienen soll, die Interaktionen zwischen den Pflegenden und dem Klienten zu erklären. Beide Ansätze sind sinnvoll und können zu einem reflektierten Umgang mit dem betroffenen alten Menschen und zu einem Abbau von Gewalt führen.

• *Persönliche Möglichkeiten*
Die persönliche Verantwortung des einzelnen für sein Tun wird von sechs Schülern in den Vordergrund gestellt. Zunächst wird die Motivation für den Beruf hinterfragt. Altenpfleger sollte man nicht werden, weil man „keine andere Möglichkeit hat". „Freude und Spaß an der Arbeit" und „Ausgeglichenheit" werden verlangt. Die persönliche Zufriedenheit mit der eigenen Berufswahl und den Arbeitsbedingungen wird hier als prophylaktische Maßnahme gegen Gewalt verstanden. Der zweite Aspekt bringt noch einmal die Eigenreflexion zur Sprache, die hier im Sinne von Selbsterfahrung verstanden wird. Er ist in dem Sinne zu verstehen, dass zu einem reifen Handeln in der Pflegebeziehung auch gehört, seine eigenen Stärken und Schwächen zu kennen und damit umgehen zu können (vergl. auch Knobling, 1988). Dieser Ansatz kann am Arbeitsplatz z.B. im Rahmen einer Supervision verfolgt werden.

6. Schlussfolgerungen

6.1. Schlussfolgerungen für die Ausbildung zum Altenpfleger/Altenpflegerin

Gewalt in der Pflege zu vermindern stellt eine große Herausforderung für die Ausbildung dar. So vielfältig und mehrdimensional die Formen und Ursachen für Gewalt in der Pflege sind, so breit gefächert können auch die präventiven Maßnahmen für ihre Vermeidung sein. Die Ansatzpunkte, die sich in dieser Arbeit herauskristallisiert haben, bieten eine breite Palette an Themen, die sich explizit oder implizit mit dem Thema Gewaltprävention beschäftigen. Es ist folglich sinnvoll, das Thema Gewaltprävention direkt zum Gegenstand des Unterrichts zu machen und zusätzlich den verschiedenen Lehrinhalten immanent zuzuordnen, so dass die Kompetenz der Schüler, präventive Möglichkeiten zu erkennen und zu nutzen, eine breite Basis erhält. Ergänzend zu der Forderung, dass die Schüler eine hermeneutische Kompetenz in der Ausbildung erlangen sollen, die sie befähigt, ein umfassendes Verständnis für die Situation alter Menschen zu entwickeln (Sowinski, 2002), müssen für die Prävention von Gewalt die Interaktion in der Pflegebeziehung und die Persönlichkeitsentwicklung der Schüler ein größeres inhaltliches Gewicht bekommen. Im Folgenden werden die Vorschläge für einen zukünftigen Lehrplan im Hinblick auf Gewaltprävention nach inhaltlichen Aspekten geordnet dargelegt. Grundlage für die inhaltliche Zuordnung sind die verbindlichen Themenbereiche der Stundentafel, die Inhalte des Materialienbandes des KDA (Sowinski, 2002) dienen der Orientierung, weil ein verbindlicher Lehrplan ja noch nicht erstellt ist. Zu den einzelnen Vorschlägen werden also Punkte der Stundentafel angegeben, unter denen der genannte Aspekt aufgeführt werden kann. Sollte sich der Inhalt im Materialienband finden, so ist dies vermerkt.

6.1.1. Gewaltprävention durch Auseinandersetzung mit dem Thema Gewalt

In der Stundentafel vorgesehen ist der Punkt 4 Berufskunde mit dem Unterpunkt 4.3. „Mit Krisen und schwierigen sozialen Situationen umgehen". Es bietet sich an, die folgenden Inhalte hier zu verankern, zumal das auch im Materialienband (Sowinski, 2002) so vorgeschlagen wird.

- **Definitionen und Formen der Gewalt in der Altenpflege**

  Wie auch der Materialienband für die Umsetzung der Stundentafel der bundeseinheitlichen Altenpflegeausbildung vorsieht (Sowinski, 2002), ist es grundlegend wichtig, die Schüler mit den verschiedenen Definitionen und Formen der Gewalt vertraut zu machen. Die Unterscheidung kultureller, struktureller und personaler Formen der Gewalt kann den Schülern die Vielschichtigkeit von Gewalt begreiflich machen. Nach den Ergebnissen dieser Arbeit ist es dabei besonders nötig, nicht nur auf Mißhandlungen, sondern insbesondere auf die verschiedenen Formen der Vernachlässigung alter Menschen einzugehen. Die Notwendigkeit, die Sensibilität der angehenden Altenpfleger dahingehend zu schulen, Mißhandlungen und besonders auch Vernachlässigungen als solche zu erkennen und zu werten, wurde aus der Befragung deutlich.

  Die Schüler müssen in die Lage versetzt werden, wahrzunehmen, wann Bedürfnisse alter Menschen in vermeidbarer Weise durch inhumane institutionelle Strukturen und die zugrunde liegenden

73

Normen beeinträchtigt werden. In der Auseinandersetzung mit defizitären strukturellen Bedingungen in der täglichen Pflege müssen sie zunächst das Gewalt fördernde Potential erkennen und formulieren können. In einem zweiten Schritt ist es notwendig, die Möglichkeiten zur Veränderung gegebener Strukturen konkret auszuloten und kreative Wege zu suchen, um vermeidbare Beeinträchtigungen alter Menschen abzubauen. Der Schule fällt dabei die Aufgabe zu, die Wahrnehmung der Schüler für Gewalt fördernde Zusammenhänge zu verbessern und einen Bewusstseinsprozess in Gang zu setzen, der zu einer aktiven Auseinandersetzung statt zu resignativer Passivität führt.

- **Erklärungsansätze für Gewalt**

  Die Auseinandersetzung mit den Ursachen für Gewalt ergänzt die Beschäftigung mit Formen von Gewalt. Die Schüler müssen an die multikausalen Entstehungsbedingungen von Gewalt herangeführt werden. Dies soll sie befähigen, ein umfassendes Verständnis für Gewalt fördernde und Gewalt mindernde Faktoren zu entwickeln.

  Das Wissen über die verschiedenen Formen von Gewalt und das Verständnis für die Entstehungsbedingungen sind eine unverzichtbare Grundlage für die Gewaltprävention. Sie dienen als Basis, um die Themen, die implizit zur Verminderung von Gewalt beitragen sollen, sinnvoll bearbeiten zu können.

  Vorgesehen sind diese Inhalte im Punkt 4.3. der Stundentafel „Mit Krisen und schwierigen sozialen Situationen umgehen" und hier unter dem Unterpunkt „Gewalt".

6.1.2. Gewaltprävention durch Verstehen und Erlernen von Interaktion in der Pflege

- **Berufliches Selbstverständnis**

  Um professionell in der Altenpflege arbeiten zu können, ist die Auseinandersetzung mit der eigenen Erwartung an die Rolle des Pflegenden notwendig. Die Schüler müssen sich sowohl mit der historischen Entwicklung der Pflege, als auch mit ihren eigenen Motiven für die Berufswahl beschäftigen. Eine überhöhte, idealisierte Vorstellung von der eigenen Helferrolle kann zu persönlichen Kränkungen und Enttäuschungen führen, die ihrerseits den

Boden für Gewalt bereiten können. Zuwenig Bereitschaft zu Empathie und Aufbau einer Pflegebeziehung kann zu einem mechanistischen Pflegeverständnis führen, das wichtige Bedürfnisse alter Menschen nach Zuwendung und Nähe ausblendet. Eine realistische und reflektierte Grundhaltung hilft den Schülern, ethische Vorstellungen von humaner Altenpflege zu entwickeln und ihr berufliches Handeln in den verschiedenen Arbeits- und Beziehungssituationen daran auszurichten. (vergl. auch Sowinski, 2002).

Eine souveräne, ethisch begründete Berufseinstellung soll die Schüler befähigen, in Konfliktsituationen Gewalt auslösende Faktoren zu erkennen und zu vermeiden. Verankert werden können diese Inhalte im Unterpunkt 4.1. der Stundentafel „Berufliches Selbstverständnis entwickeln" und hier besonders unter dem Punkt „Ethische Herausforderungen der Altenpflege". Auch der Lerninhalt 1.1. der Stundentafel „Theoretische Grundlagen in das altenpflegerische Handeln einbeziehen" mit den Unterpunkten „Konzepte, Modelle und Theorien in der Pflege" und „Handlungsrelevanz von Konzepten und Modellen der Pflege anhand konkreter Pflegesituationen" ist für die Bearbeitung dieser Themen geeignet.

- **Auseinandersetzung mit belastenden Situationen**

In der Ausbildung müssen die Schüler auch an belastende Situationen herangeführt werden. In der täglichen Pflege sind die Schüler zahlreichen Spannungsfeldern ausgesetzt, z.B.: zwischen dem hohen Anspruch zu helfen und der Begrenztheit ihrer Möglichkeiten, zwischen Handlungen, die nach ihrem medizinisch-pflegerischen Verständnis geboten wären und der Autonomie und Selbstbestimmung des alten Menschen oder zwischen der von den anvertrauten Menschen gewünschten Zuwendung und Nähe und der eigenen Abgrenzung und notwendigen Rollendistanz. Es ist wichtig, die Schüler in dem Prozess zu unterstützen, in diesen Spannungssituationen eine ethisch und beruflich begründete Position zu finden. Die Reflexion des eigenen pflegerischen Handelns in einer Konflikt beladenen Situation soll die Bereitschaft, Gewalt anzuwenden, vermindern.

Die Erfahrung von Leiden, Abbau körperlicher und geistiger Kräfte, Verlassenheit, geringer verbleibender Perspektive und Tod von anvertrauten Menschen müssen von den Schülern reflektiert und letztlich angenommen werden. Die Schule kann die überwiegend jungen Schüler bei der Verarbeitung dieser Erfahrungen unterstützen, so dass sie nicht an ihren Erlebnissen zerbrechen oder zum vermeintlichen Selbstschutz abstumpfen. Es gilt, eine Grundhaltung bei den Schülern zu fördern, die sensibel, trotz aller Einschränkungen, die verbleibenden Möglichkeiten zur Verbesserung der Lebensqualität alter Menschen herauszufinden versucht. Diese Inhalte können Bestandteil des Punkts 2 der Stundentafel „Unterstützung alter Menschen bei der Lebensgestaltung" sein und hier besonders des Unterpunkts „Glaubens- und Lebensfragen", dem der Materialienband auch den Themenbereich „Mit existenziellen Erfahrungen des Lebens umgehen können" zuordnet. Auch die Zuordnung zu Punkt 4.1. der Stundentafel und hier besonders zu dem Unterpunkt „Reflexion der beruflichen Rolle und des eigenen Handelns" ist sinnvoll.

- **Kommunikation und Umgang mit Konflikten**

Die Bedeutung der Kommunikation für eine gelungene Pflegebeziehung kann nicht hoch genug eingeschätzt werden. Dabei muss zunächst einmal Kommunikation in nicht konfliktbelasteten Situationen eingeübt werden. Die sprachliche Verständigung kann durch viele Faktoren beeinträchtigt sein. Ein zunehmend häufiges Problem besteht darin, dass die Pflegekraft nicht dieselbe Sprache spricht wie der zu pflegende alte Mensch. Gerade Pflegekräfte mit Kenntnis mehrerer Sprachen können in Pflegeeinrichtungen einen unverzichtbaren Beitrag leisten zur Verständigung mit alten Menschen, die kaum Deutsch sprechen, oder im Alter zunehmend ihre ursprüngliche, nicht deutsche Muttersprache bevorzugen. Schülern wiederum, die selber Schwierigkeiten mit der deutschen Sprache haben, muss die Schule mit Förderung der Sprachkompetenz zur Seite stehen. Die Verständigung kann auch durch Beeinträchtigung der Wahrnehmung oder dementielle Prozesse auf Seiten des zu Pflegenden so eingeschränkt sein, dass die angehenden Pflegekräfte alternative oder ergänzende Formen der Kommunikation erlernen müssen. Die Anpassung der Kommunikation an die Möglichkeiten und Bedürfnisse der alten Menschen erfordert viel Einfühlungsvermögen und geschulte Beobachtung, wenn sie gelingen soll.

In der Art der Kommunikation spiegelt sich die Qualität der Pflegebeziehung wider. Es ist deshalb eine wichtige Aufgabe der Schule, die Altenpflegeschüler im Erlernen vielfältiger Kommunikationsformen zu unterstützen und praktisches Ausprobieren und Reflektieren zu fördern. Ein einfühlsamer und respektvoller Kommunikationsstil ist ein wichtiger Beitrag zur Vermeidung diskriminierenden Verhaltens und verbaler Gewalt. Zugeordnet werden können diese Inhalte dem Bereich 1.4. der Stundentafel „Deutsch und Kommunikation" und hier dem Unterpunkt „Anleiten, beraten und Gespräche führen". Selbstverständlich berühren die Inhalte auch die Themen 1.3. der Stundentafel „Menschen personen- und situationsbezogen pflegen" und hier z.b. die Unterpunkte: „Pflege alter Menschen mit eingeschränkter Funktion der Sinnesorgane" sowie „Pflege dementer und gerontopsychiatrisch veränderter alter Menschen". Gerade bei den vielfältigen Ansprüchen an die kommunikative Kompetenz der Schüler wird deutlich, dass die hohen Anforderungen nur erfüllt werden können, wenn in allen Lernfeldern eine dem Unterricht immanente Form der Kommunikationsförderung gegeben ist. Dies stellt in besonderem Maße Ansprüche an die methodische und didaktische Vielfalt des Unterrichts.

Die Fähigkeit, Konflikte zu lösen, setzt die Möglichkeit zur Kommunikation im weitesten Sinne voraus. Wichtige weitere Gesichtspunkte sind die Wahrnehmung und Hinterfragung der unterschiedlichen Interessen und Bedürfnisse, sowie die Reflexion von Einstellungen und Erwartungen auf Seiten aller Beteiligter. Die Konfliktfähigkeit der Schüler zu verbessern ist eine zentrale Forderung an die Pädagogik in der Schule. Speziell die angehenden Altenpfleger und Altenpflegerinnen müssen über den Umgang mit Alltagskonflikten hinaus lernen, Konflikte unter den Bedingungen ihres Pflegealltags zu lösen: Sie benötigen also eine besondere Kompetenz, die über die im Alltag notwendige weit hinausgeht. Das Aushandeln zufriedenstellender Lösungen mit geistig verwirrten oder demenzkranken alten Menschen benötigt die Bereitschaft, immer wieder neue Lösungen zu suchen, Empathie und Einfühlungsvermögen, um die tatsächlichen Bedürfnisse zu erfassen und Kreativität, Phantasie und Humor, um flexibel auf die Situation eingehen zu können. Die Entwicklung dieser Qualitäten der Schüler kann die Schule fördern und begleiten und damit einen Beitrag zur Verminderung vermeidbarer Beeinträchtigung leisten:

• **Erlernen von Handlungsmöglichkeiten in Konfliktsituationen**

Ein Ergebnis dieser Arbeit ist, dass die Schüler sich sehr viel mehr Handlungssicherheit in konfliktreichen Situationen wünschen. Es stellt sich der Ausbildung in der Schule also die Aufgabe, einen Rahmen zu entwickeln, in dem Handeln im Konfliktfall ausprobiert, reflektiert und modifiziert werden kann. Hier besteht meines Erachtens noch viel methodisch-didaktischer Spielraum, um den Unterricht im Sinne dieser Anforderung effizient zu gestalten. Eine gute Möglichkeit dazu sind z.B. Rollenspiele und die Arbeit an Fallbeispielen. Auch der Einsatz von Videoaufzeichnungen kann diesen Lernprozess unterstützen. Der Erwerb von mehr Handlungskompetenz und reflektierter Selbstsicherheit ist nach meiner Auffassung ein wichtiger Beitrag zur Gewaltprävention. Exemplarisch zugeordnet werden kann dieser Inhalt dem Punkt 4.3.der Stundentafel „Mit Krisen und schwierigen sozialen Situationen umgehen" und hier den Unterpunkten „Berufstypische Konflikte und Befindlichkeiten" und „Spannungen in der Pflegebeziehung". Auch hier bietet sich eine Zuordnung des Themas zu Punkt 1.3. der Stundentafel „Menschen personen- und situationsbezogen pflegen" und hier besonders zu dem Unterpunkt: „Pflege dementer und gerontopsychiatrisch veränderter alter Menschen" an.

6.1.3. Gewaltprävention durch Verständnis für die Lebenssituation alter Menschen

Ein weiteres Ergebnis der vorliegenden Arbeit ist, dass sich die Schüler mehr Verständnis für die Lebensgeschichte und Lebenssituation der alten Menschen wünschen. Bei der Frage, wie das Verständnis für die Gesamtsituation alter Menschen gefördert werden kann, haben sich verschiedene Aspekte herauskristallisiert:

• **Psychologische und soziologische Bedingungen des Alterns**

Zunächst einmal ist es sinnvoll, dass sich die Schüler mit der historischen, politischen und gesellschaftlichen Entwicklung auseinandersetzen. Wichtige kollektive Erfahrungen, wie Krieg, Vertreibung oder wirtschaftlicher Wiederaufbau haben das Leben der jetzt alten Menschen geprägt. Sozialisation, Bildungschancen, Rollenverständnis und allgemeine Wertvorstellungen von Gerechtigkeit, Anstand, Ordnung und der Pflicht des Einzelnen sind Themen, die von den angehenden Altenpflegern erkannt und in Bezug zu ihrer eigenen Lebensgeschichte gesetzt werden sollen. Den jüngeren Pflegern kann es durch dieses Wissen leichter fallen, Konflikte zu verstehen und in ihrer tieferen Bedeutung einzuordnen.

Des weiteren ist es sinnvoll, dass sich die Schüler mit Altern als psychischem Entwicklungsprozess auseinandersetzen. Es ist wichtig, dass sich Schüler mit den Lebensaufgaben des hohen Alters, der Bewältigung von Verlusten, Erkenntnis von der Endlichkeit der Lebensperspektive und der persönlichen Lebensbilanz beschäftigen. Die jungen angehenden Pflegekräfte müssen ein Gefühl für die Copingstrategien alter Menschen entwickeln und sie, soweit möglich, akzeptieren und als Ressource begreifen und fördern. Aus dieser Grundhaltung wird es den Schülern leichter möglich sein, Konflikte und Kränkungen zu vermeiden, was als Gewaltprophylaxe zu betrachten ist. Zum Teil können diese Inhalte Eingang finden in den Themenbereich Psychologie aus dem Lernfeld 1.3. der Stundentafel „Alte Menschen personen- und situationsbezogen pflegen". Zum Teil können sie auch dem Punkt 2.1. der Stundentafel „Lebenswelten und soziale Netzwerke alter Menschen bei altenpflegerischem Handeln berücksichtigen" zugeordnet werden.

- **Arbeit mit der Biographie**

Neben den kollektiven soziologischen und psychologischen Bedingungen des Alterns spielt die individuelle Biographie des alten Menschen eine entscheidende Rolle. Das Verständnis für die Lebenswelt des Pflegebedürftigen und ein sinnhafter Rückbezug auf seine Lebensthemen kann nur gelingen, wenn persönliche biographische Besonderheiten bekannt sind. Die Schüler müssen also lernen, sich verantwortungsvoll und behutsam mit der Lebensgeschichte der alten Menschen auseinander zu setzen, um daraus Verständnis und Empathie für die Lebenswelt der Pflegebedürftigen einerseits und wichtige Anhaltspunkte für die Kommunikation und Gestaltung des Alltags andererseits zu gewinnen. Das Verständnis für das Selbstbild des alten Menschen, das aus seiner individuellen Lebensgeschichte, seiner Bildung, seiner Familiengeschichte, seinem Beruf und seinen Aufgaben und Beziehungen erwachsen ist, kann helfen, Verhalten alter Menschen begreiflich zu machen und Konflikte zu vermeiden. Durch die Arbeit mit der Biographie wird aber nicht nur das Verständnis für die Pflegebedürftigen geweckt. Sie trägt auch dazu bei, wichtige Anregungen für den täglichen Umgang und die pflegerische Beziehung zu geben. Die Gestaltung des Alltags, die Themen der Gespräche und die Wohnumgebung können sehr viel individueller und letztlich befriedigender gestaltet werden, wenn die zukünftigen Pflegekräfte auf lebensgeschichtliche Besonderheiten eingehen können. Es kann leichter gelingen, vorhandene Ressourcen zu aktivieren und den alten Menschen als

Person Wertschätzung und Anerkennung entgegen zu bringen. Wenn es in der Ausbildung gelingt, den Blick für die Biographie zu schärfen und die Auseinandersetzung damit zu fördern, wird das auch das Bild der Schüler vom Alter und vom Altern beeinflussen. Sie werden das Personsein in seiner Entwicklung über das Leben hinweg sehen lernen, und nicht ausschließlich die aktuelle Lebenssituation mit der gegebenen Hilfs- und Pflegebedürftigkeit. Auf diese Weise kann ein Beitrag zu mehr Würdigung und Anerkennung für das Leben der alten Menschen gefördert werden. Schematisierte und an der institutionellen Routine orientierte Pflege sollte zurückgedrängt werden zu Gunsten einer individuellen Pflege, die sich an der persönlichen Lebensgeschichte und den Bedürfnissen der Pflegebedürftigen orientiert. Eine weitere große Bedeutung erfährt die Beschäftigung mit der Biographie für das Verständnis von Menschen aus anderen Kulturkreisen. Die Geschichte von Migranten, ihre Familienbeziehungen, ihre Selbstsicht und ihre Erwartungen an das Alter unterscheiden sich unter Umständen erheblich von den Auffassungen der jungen Schüler. Deshalb ist eine Auseinandersetzung mit ethniespezifischen, religiösen und kulturellen Biographien wichtig, um eine zufriedenstellende Pflegebeziehung aufbauen zu können. Insgesamt kann die Beschäftigung der Schüler mit der Biographie einen wichtigen Beitrag zur Vermeidung von Konflikten leisten. Zum einen lernen die Schüler, Verhalten, Vorstellungen und Erwartungen alter Menschen aus der zugrunde liegenden biographiespezifischen Entstehung verstehen; zum anderen kann Biographiearbeit auch zu mehr Wertschätzung der Person des zu Pflegenden führen, weil die Schüler auch sein vergangenes Leben achten lernen. In besonderer Weise kann auf Biographiearbeit eingegangen werden unter dem Punkt 1.1. der Stundentafel „Theoretische Grundlagen in das altenpflegerische Handeln einbeziehen" – hier besteht ein gleichnamiger Unterpunkt. Zum Teil bietet sich aber ebenfalls der Bereich 2.1. der Stundentafel an „Lebenswelten und soziale Netzwerke alter Menschen bei altenpflegerischem Handeln berücksichtigen" und hier besonders die Unterpunkte „Alltag und Wohnen im Alter" und „Ethniespezifische und interkulturelle Aspekte".

- **Körperliche Altersveränderungen und Erkrankungen im Alter**

Körperliche Erkrankungen und Hilflosigkeit der pflegebedürftigen Menschen wurden von den Schülern nicht als wichtiger kausaler Faktor für Gewalt in der Pflege gesehen. Möglicherweise entspricht das Wissen um körperliche Erkrankungen und Veränderungen im Alter stark dem traditionellen Bild von der Pflege alter Menschen. und wurde im Lehrplan ausreichend berücksichtigt. Der professionelle Umgang mit diesen pflegerischen Aufgaben scheint den Schülern vordergründig wenig Gewaltpotential zu bieten. Hier gilt es in der Ausbildung den Blick zu schärfen für unzureichende oder einem rein ökonomischen Diktat folgende Behandlung. Das Problem der Vernachlässigung kann sich zum Beispiel bei der Inkontinenzversorgung stellen, bei der Versorgung mit Hilfsmitteln zum Erhalt der Mobilität oder bei der Missachtung einer geeigneten Diät. Auch die Frage, wieweit und mit welchen Mitteln Stürze verhindert werden können oder müssen, bedarf der kritischen Reflexion. Da die vermeidbaren Beeinträchtigungen der Lebensqualität alter Menschen sehr vielfältig sein können und die darin enthaltene Gewalt in Form von Vernachlässigung wenig offensichtlich sein kann, muss es Aufgabe der Schule sein, die Schüler sensibel zu machen für die Vermeidbarkeit der Einschränkung. Eine neugierige Grundeinstellung, die die Hinterfragung von Behandlungs- und Versorgungsmethoden zuläßt, ist am besten geeignet, unter Abwägung aller Notwendigkeiten die Lösung zu finden, die dem alten Menschen ein Maximum an Lebensqualität und Autonomie ermöglicht. Inhaltlich zugeordnet werden kann dieser Themenbereich dem Lernfeld 1.3. „Alte Menschen personen- und situationsgerecht pflegen".

- **Geistige Veränderungen im Alter und gerontopsychiatrische Erkrankungen**

Im Gegensatz zu dem Themengebiet der körperlichen Erkrankungen muss der Bereich der psychiatrischen Erkrankungen im Alter nach Ansicht der Schüler sehr viel intensiver unterrichtet werden. Dieses Anliegen ist aus verschiedenen Gründen sehr gut nachvollziehbar: Aufgrund der Veränderung der Versorgungsstrukturen für alte Menschen haben sich auch die Gründe für eine Heimaufnahme geändert. Aufgrund gut ausgebauter ambulanter Versorgungsstrukturen ist es alten Menschen mit körperlichen Einschränkungen länger möglich, in ihrer eigenen Häuslichkeit zu bleiben. Ein wichtiger Grund für die Aufnahme in ein Pflegeheim sind gerontopsychiatrische und hier besonders die demenziellen Erkrankungen. Der relative Anteil der Bewohner mit gerontopsychiatrischen Erkrankungen nimmt demnach in der stationären Versorgung zu. Nun bietet die allgemeine Lebenserfahrung den Schülern viel zu wenig Handlungserfahrung und Handlungskompetenz im Umgang mit psychisch kranken Menschen. Die Schüler fühlen sich bei der Betreuung dieser Menschen besonders leicht verunsichert, überfordert und hilflos. Aus diesem Gefühl der Unzulänglichkeit kann Gewalt entstehen. Es kann zu einem Teufelskreis kommen: Die Bewohner verhalten sich für die angehende Pflegekraft unverständlich, die Pflegekraft erkennt die eigentlichen Bedürfnisse des alten Menschen nicht und reagiert auch nicht angemessen, es kann eine konfliktreiche Eskalation der Situation entstehen, die letztlich zu einer Beeinträchtigung des alten Menschen führt, z.B. Fixierung oder Sedierung, die vermeidbar gewesen wäre. Es ist deshalb eine dringende Aufgabe der Schule, gerontopsychiatrische Erkrankungen stärker im Unterricht zu berücksichtigen. Dabei ist es zum einen wichtig, die typischen psychiatrischen Veränderungen begreiflich zu machen. Im Lehrplan vorgesehen sind Epidemiologie und Diagnostik gerontopsychiatrischer Erkrankungen, sowie Grundlagen der Therapie und Rehabilitation. Zum anderen ist es meines Erachtens unerlässlich, den Schülern darüber hinaus möglichst anschaulich Versorgungskonzepte und Interventionsmöglichkeiten nahe zu bringen. Der Umgang mit gerontopsychiatrisch beeinträchtigten Menschen benötigt ein hohes Maß an Einfühlungsvermögen und souveräner Handlungskompetenz – hier muss die Ausbildung mit der tatsächlichen Realität in den Einrichtungen der stationären Altenpflege Schritt halten und die Schüler besser auf ihre Aufgabe vorbereiten. Vermeidbare Einschränkungen, aber auch Vernachlässigungen als Unterformen von Gewalt ließen sich so in gewissem Umfang reduzieren. Zugeordnet werden können diese Inhalte den Punkten 1.3. „Alte Menschen personen- und situationsgerecht pflegen" und hier den Unterpunkten „Pflegerelevante Grundlagen der Gerontopsychiatrie" und „Pflege dementer und gerontopsychiatrisch veränderter Menschen".

6.1.4. Gewaltprävention durch Entwicklung der Persönlichkeit

Die Bildung der Persönlichkeitskompetenz ist im Bayerischen Gesetz über das Erziehungs- und Unterrichtswesen (Bay EUG) verankert und bildet einen grundlegenden Anspruch pädagogischen Handelns in einer staatlich anerkannten Ausbildung. Gewalt durch Entwicklung der Persönlichkeit verringern zu wollen, ist ein genereller Auftrag und wirkt auf den ersten Blick sehr allgemein. Neben dem allgemeinen pädagogischen Anspruch lassen sich aber einige für die Altenpflege berufsrelevante Aspekte der Persönlichkeitsentwicklung herausarbeiten, die geeignet sind, zur Prophylaxe von Gewalt beizutragen.

- **Förderung von Selbstwahrnehmung und Reflexion in der Pflegebeziehung**

Wie unter Punkt 6.1.2. schon angesprochen, ist die Reflexion der Interaktion in der Pflegebeziehung grundlegend wichtig, um zu einer verantwortungsvollen und ethisch begründeten Umgangsform mit alten, pflegebedürftigen Menschen zu kommen. Ziel der Schule muss es darüber hinaus sein, die Selbstwahrnehmung und Selbsterfahrung der Schüler zu unterstützen. Die zumeist jungen Schüler brauchen auch in der Schule die Möglichkeit, ihre Selbstsicht, ihre persönlichen Vorstellungen von zwischenmenschlichen Beziehungen und ihre Einstellung zu wichtigen Lebensfragen weiterzuentwickeln. Zum Teil wird diese Möglichkeit explizit in dem Fach Glaubens- und Lebensfragen geboten (Unterpunkt 2.1. der Stundentafel), zum Teil sind diese Inhalte dem Fach Psychologie (integriert in Punkt 1.3. der Stundentafel) zuzuordnen. Meiner Ansicht nach müsste es verstärkt immanentes Ziel des Unterrichts sein, den Schülern Gelegenheit zu eigenständiger persönlicher Weiterentwicklung zu geben. Dieser Forderung kommt das Konzept der Lernfelder sicher in der Vielfalt seiner methodischen Möglichkeiten eher entgegen, als der traditionelle dozentenorientierte Unterricht. Der Nutzen für die Prävention von Gewalt liegt nach meiner Auffassung darin, dass eine geschulte Selbswahrnehmung und gefestigte Wertvorstellungen die Schüler in die Lage versetzen, zu Gewalt neigende Situationen zu erkennen und Möglichkeiten zur Vermeidung zu nutzen. Neben dem bedeutenden, dem Unterricht immanenten Aspekt, der alle Lernfelder berührt, kann die Förderung von Selbsterfahrung und Reflexion im Punkt 4.1. „Berufliches Selbstverständnis entwickeln" und hier unter dem Punkt „Reflexion der beruflichen Rolle und des eigenen Handelns" festgeschrieben werden.

- **Erkennen von belastenden Situationen und Vermeidung von Burnout**

Ein Ergebnis dieser Arbeit ist, dass Schüler zeitliche und organisatorische Belastungen für Gewalt verantwortlich machen. Dabei spielen Dienstpläne, die für einen Ausgleich zwischen Arbeitsbelastung und Regenerationsphasen sorgen sollen, eine wichtige Rolle. Aber auch die Organisation der Pflegeaufgaben selbst rückt ins Blickfeld der Betrachtung. Diese strukturellen Arbeitsbedingungen liegen nicht direkt im Gestaltungsbereich der Schule, die Auseinandersetzung damit ist aber dennoch von großer Wichtigkeit. Es muss versucht werden, ein differenziertes Bild von der Belastung zu erarbeiten. Die Schüler müssen erkennen und formulieren lernen, welche Bedingungen zu Überlastung führen und wie Veränderungen der Situation aussehen können. So kann die Schule versuchen, die aktive Auseinandersetzung zu fördern und damit einer passiv resignativen Einstellung vorzubeugen. Die Bereitschaft, strukturelle Verhältnisse zu verbessern und die gestalterischen Möglichkeiten auszuloten und zu erweitern, ist auch im Hinblick auf die Verringerung struktureller Gewalt wichtig. Burnout, Resignation und Abstumpfung der Pflegekräfte können von der Schule nicht grundsätzlich verhindert werden, es kann aber mitgewirkt werden, eine zuversichtliche, aktive persönliche Einstellung zu fördern, die für die Weiterentwicklung von Pflegekonzepten und von humanen Strukturen in der institutionellen Altenpflege hilfreich ist. Aufgenommen werden können diese Inhalte in den Punkt 4.4. der Stundentafel „Die eigene Gesundheit erhalten und fördern" und hier unter den Unterpunkt „Stressprävention und –bewältigung".

- **Schulung von Kooperationsbereitschaft und Teamfähigkeit**

Konstruktive Zusammenarbeit, Kommunikation und gegenseitige Wertschätzung im Team ist nach den Ergebnissen dieser Arbeit für die Schüler ein wichtiger Ansatzpunkt, um Gewalt in der Pflege zu vermindern. Die Materialien zur bundeseinheitlichen Altenpflegeausbildung sehen das Lernfeld Teamarbeit und Zusammenarbeit mit anderen Berufsgruppen vor (Sowinski,2002). Schlagwortartig genannt werden die Punkte: Team und Teamarbeit, Teamfähigkeit, Teamentwicklung und Kommunikation im Team. Unter dem Punkt Kommunikation sollen besondere Schwierigkeiten angesprochen werden wie: Kommunikationsstörungen, Nähe und Distanz im Team, Konkurrenz und Rivalität sowie Probleme und Konflikte im Team. Diese Aufzählung von Themen macht deutlich, dass eine explizite Beschäftigung mit Fragen der Zusammenarbeit im Team in der Materialiensammlung vorgesehen ist. In der Stundentafel findet sich der Punkt „Teamarbeit und Zusammenarbeit mit anderen Berufsgruppen" unter dem Punkt 4.1. „Berufliches Selbstverständnis entwickeln". Auch in diesem Punkt bleibt anzumerken, dass die Förderung der Kooperationsbereitschaft in der Schulausbildung allgemein ein immanentes pädagogisches Ziel sein muss. Neben der theoretischen Auseinandersetzung benötigen die Schüler praktische Übung und Reflexion zum Beispiel im Rahmen von Gruppenarbeiten und Projekten.

Die Zusammenarbeit mit Angehörigen anderer Berufsgruppen in der Altenpflege, z.B. aus medizinischen, pflegerischen, therapeutischen, sozialpädagogischen und sozialtherapeutischen, betriebswirtschaftlichen, handwerklichen und hauswirtschaftlichen Berufen sowie Verwaltungsberufen soll mit den Schülern erörtert werden. Eine gelingende interdisziplinäre und multidisziplinäre Zusammenarbeit ist für einen ganzheitlichen Ansatz in der Pflege unerlässlich. Die Absprache in einem multiprofessionellen Team soll das einheitliche pflegerische Vorgehen verbessern und jeden einzelnen in seiner Aufgabe bestärken und stützen. In diesem Sinne ist die Kooperation einerseits geeignet, Hilflosigkeit und Überforderung des einzelnen abzubauen und andererseits willkürliche, den humanen Pflegekonzepten zuwiderlaufende Handlungsentscheidungen zu verhindern oder gegebenenfalls mit Sanktionen zu belegen. Im günstigen Fall resultiert aus der Kommunikation in einem Team ein Gesamtkonzept, das durch Bestärkung und Kontrolle dazu beitragen kann, vermeidbare Beeinträchtigungen pflegebedürftiger alter Menschen zu vermindern. Diese Inhalte können sich auch in Punkt 3.1. der Stundentafel „Institutionelle und rechtliche Rahmenbedingungen beim altenpflegerischen Handeln berücksichtigen" widerspiegeln und hier unter dem Punkt „Vernetzung, Koordination und Kooperation im Gesundheits- und Sozialwesen". Aufgabe der Schule wird es verstärkt sein, die Bereitschaft zu dieser Form der Kooperation zu fördern. Der Einfluss der Schule auf ein Stationsteam ist naturgemäß sehr eingeschränkt, da die berufliche Sozialisation der Schüler zu einem großen Teil in der stationären Einrichtung stattfindet. Trotzdem muss es der Anspruch der Schule sein, Teamarbeit und Kooperationsbereitschaft als sogenannte Schlüsselqualifikation heranzubilden.

- **Förderung eines gesellschaftlichen und politischen Bewusstseins für berufsrelevante Belange**

Es ist ein grundsätzlicher Anspruch einer Schulausbildung, den Schülern die verschiedenen Möglichkeiten der Interessenvertretung und der politischen wie gesellschaftlichen Partizipation nahe zu bringen. Die Schüler sollen Wege kennen lernen, wie sie Entscheidungen und Bedingungen des Zusammenlebens mitbestimmen können. Darüberhinaus ist es für die Schüler in der Altenpflegeausbildung von Bedeutung, die berufstypischen Organisationsstrukturen und Interessenvertretungen zu kennen. Es geht zum einen um die Auseinandersetzung mit dem Berufsbild der Pflege, wie in 6.1.2. bereits erwähnt. Zum anderen geht es darum, sich mit der Arbeit von Berufsverbänden und Organisationen der Altenpflege zu beschäftigen. Die Schüler sollen dabei erfahren, wie sich ihre Pflegetätigkeit inhaltlich und strukturell entwickelt hat und welche Perspektiven für eine Weiterentwicklung gefunden werden können. Damit soll bei den angehenden Altenpflegern die Bereitschaft zu Engagement und Mitgestaltung gefördert und das Gefühl der Hilflosigkeit und des Ausgeliefertseins zurückgedrängt werden. Eine Grundeinstellung, die Veränderung und Weiterentwicklung nicht nur zuläßt, sondern auch aktiv sucht, ist geeignet, im Spannungsfeld der unterschiedlichen Ansprüche an die Pflege vermeidbare Einschränkungen der Lebensqualität alter Menschen zu erkennen und Verbesserungen anzustreben. In diesem Sinne kann die Förderung eines gesellschaftlichen und politischen Bewußtseins für die Belange der Altenpflege dazu beitragen, insbesondere strukturelle Gewalt zu vermindern. Inhaltlich können diese Punkte in das Lernfeld 1.1. „Theoretische Grundlagen in das altenpflegerische Handeln einbeziehen" und hier besonders in die Unterpunkte „Konzepte, Modelle und Theorien in der Pflege", „Handlungsrelevanz von Konzepten und Modellen der Pflege anhand konkreter Pflegesituationen" sowie „Pflegeforschung und Umsetzung von Forschungsergebnissen" einbezogen werden. Geeignet ist auch das Lernfeld 4.1. der Stundentafel „Berufliches Selbstverständnis entwickeln" mit dem Unterpunkt „Berufsverbände und Organisation der Altenpflege".

6.2. Schlussfolgerungen und Perspektiven für die Gewaltprävention, die über den Lehrplan hinausgehen

Lehrende in der Ausbildung zum Altenpfleger / zur Altenpflegerin können sich über den Unterricht hinaus für eine Verbesserung der Ausbildung einsetzen. Die Rahmenbedingungen der praktischen Ausbildung in den Institutionen der Altenpflege werden wie auch die Lehrpläne von Fachgremien beraten und gestaltet. Durch die Mitarbeit in Verbänden und Kommissionen können die Lehrer zur Gestaltung der Ausbildung in unterschiedlicher Weise beitragen.

Der Einsatz für eine humane Pflege, die auf Gewalt, wo immer möglich, verzichtet, muss über die Belange der Ausbildung hinausgehen. Allgemeine Verbesserungsvorschläge, die sich aus dieser Arbeit ergeben haben, aber nicht die Schulausbildung direkt betreffen, sind z.B.:

6.2.1. Der Aspekt des Personals

Die Frage des Personals hat verschiedene Teilaspekte:

- **Personaldecke**
  Die Anzahl der Beschäftigten muss so groß sein, dass auch bei Krankheit oder Fortbildung eine Vertretung zur Verfügung steht. Dienstpläne müssen verläßlich sein und der Notfall, für einen Kollegen einspringen zu müssen, darf nicht zum Regelfall werden.

- **Personalschlüssel**
  Wie viele Mitarbeiter stehen pro Schicht für welche Anzahl pflegebedürftiger Menschen zur Verfügung? Aus der Zahl der Mitarbeiter pro Schicht ergibt sich die Zeit, die den Pflegekräften für die verschiedenen Pflege- und Betreuungsaufgaben zur Verfügung steht. Wie schon erwähnt, ist die Zeit allein für eine zufriedenstellende Pflegebeziehung nicht entscheidend, aber sie spielt eine große Rolle. Trotz Ökonomisierungsdruck muss also darauf hingewirkt werden, dass die Pflegeschlüssel nicht zu knapp bemessen werden.

- **Qualifikation der Mitarbeiter**
  Das Team einer Station setzt sich in der Regel aus examinierten Altenpflegekräften, Altenpflegehelfern, hauswirtschaftlichem Peronal, Schülern, Praktikanten, Zivildienstleistenden und Angehörigen anderer Berufssparten zusammen. Zum einen muss hier gefordert werden, den Anteil der examinierten Altenpfleger nicht aus Kostengründen weiter zu senken. Zum anderen muss Zeit und Möglichkeit gegeben werden, diese heterogenen Teams in der Entwicklung von Konzepten und Pflegeplanungen zu unterstützen. Es müssen also Teambesprechungen stattfinden, die trotz unterschiedlicher Qualifikation der Mitarbeiter eine professionelle Zusammenarbeit ermöglichen.

- **Personalfluktuation**
  Häufige Wechsel des Personals sind eine große Belastung für Mitarbeiter und Bewohner: Zum Einen müssen neue Mitarbeiter eingearbeitet werden, was Zeit und Einsatz verlangt, damit die notwendige Integration in das Team gelingt. Zum anderen müssen auch die Pflegebeziehungen neu aufgebaut werden, was

von den alten Menschen Bereitschaft und Kraft verlangt, die möglicherweise irgendwann erschöpft ist. Es wäre also sinnvoll, bestehende Teams so zu „pflegen", dass der Personalwechsel in Grenzen gehalten werden kann.

6.2.2. Fort- und Weiterbildung

Wie oben schon erwähnt, sind die Mitarbeiter eines Teams unterschiedlich qualifiziert. Das betrifft zum einen die Art der Erstausbildung, z.b. Altenpflege, Altenpflegehilfe, Krankenpflege, Sozialpflege und andere. Zum anderen sind auch die Ausbildungsinhalte in den Bundesländern unterschiedlich (gewesen) und unterliegen einem steten Wandel, so dass neue Erkenntnisse und Pflegemethoden vermittelt werden müssen. Die Notwendigkeit von Fort- und Weiterbildung liegt auf der Hand, und die Bedeutung von Kompetenz in der Pflege darf auch für die Gewaltprävention nicht unterschätzt werden. Unabhängig davon, ob die Initiative für Veränderungen aus dem Team, von der Pflegedienst- oder Heimleitung kommt, oder ob sie vom Medizinischen Dienst der Krankenkassen (MDK), einzelnen Hausärzten oder Angehörigen stammt: Die Mitarbeiter brauchen die Möglichkeit, neues Wissen zu erwerben. Nach den Gesichtspunkten der Qualitätsentwicklung gehört auch die Evaluation, also die Überprüfung am Pflegeergebnis, zu einer internen Fortbildung. Besonders zu nennen sind z.B.:

- **Gerontopsychiatrie**
  Wie oben schon erwähnt, hat der Erwerb gerontopsychiatrischen Fachwissens in der Ausbildung zum Altenpfleger an Bedeutung gewonnen. Ergebnis dieser Arbeit ist aber auch, dass eben das gesamte Team Unterstützung bei der Bewältigung von pflegerischen Aufgaben und bei der Betreuung von alten Menschen mit psychiatrischen Veränderungen benötigt. Wie der (Pflege-)-alltag mit z.B. demenzkranken Menschen gestaltet werden kann, ohne dass die Lebensqualität in unnötiger Weise eingeschränkt wird, bedarf der Entwicklung und Erprobung neuer Konzepte.

  Die neu geschaffene Möglichkeit, Mitarbeiter zur gerontopsychiatrischen Fachkraft in der Altenpflege auszubilden, ist ein wichtiger Beitrag für eine kompetente Versorgung, darf aber nicht über die Tatsache hinweg täuschen, dass alle Mitarbeiter im Team eine angemessenen Fortbildung benötigen, wenn Gewalt auf Stationen begegnet werden soll.

- **Die Folgen der DRGs und Frührehabilitation**
Für die Zukunft muss aufgrund der veränderten Abrechnung durch Fallpauschalen durch die Primärkrankenkassen damit gerechnet werden, dass die Ansprüche an die Behandlungspflege und Frührehabilitation in der Altenpflege steigen werden. Die alten Menschen werden in einem früheren Stadium von Genesung und Rehabilitation in die stationären Einrichtungen der Altenhilfe verlegt werden. Auch in diesem Punkt kann es zu Hilflosigkeit und Überforderung bei den Mitarbeitern kommen, die dazu führt, dass wichtige rehabilitative Maßnahmen unterbleiben, Pflegebedürftigkeit zunimmt und es so zu Gewalt in Form von vermeidbaren Einschränkung durch inadäquate Versorgung der betroffenen Patienten kommt. Auch auf dem Gebiet der Behandlungspflege und Frührehabilitation ist eine effektive Fortbildung der Pflegekräfte notwendig.

6.2.3. Supervision

Supervision wird nach der vorliegenden Befragung von den angehenden Altenpflegern als für ihre Arbeit dringend erforderlich erachtet. Die Psychohygiene und die professionelle Kompetenz. eines Teams kann durch geeignete Supervision maßgeblich gefördert und erhalten werden. Je nach konkreter Zielsetzung der Supervision kann sie auch als Instrument zur Gewaltprophylaxe angesehen werden. Dabei können unterschiedliche Aspekte im Vordergrund stehen (vergl. auch: Rappe-Giesecke, 2000):

- **Fachliche Auseinandersetzung bei Schwierigkeiten des Teams mit einzelnen Bewohnern**
Bei der sogenannten Fallarbeit kann es dem Team gelingen, Störungen in der Pflegebeziehung zu einzelnen Bewohnern zu reflektieren und gemeinsame Lösungsansätze zu entwickeln. Es ist ein Ergebnis dieser Arbeit, dass die Schüler die Arbeit nach einem einheitlichen Konzept für wichtig halten, um Konflikte und Unstimmigkeiten zu vermindern. Die konkrete Pflegeplanung für einen einzelnen alten Menschen kann wesentlich erleichtert werden, wenn ein angeleiteter gemeinsamer Austausch stattfinden kann. Eine fallorientierte Supervision ist dazu gut geeignet.

- **Erarbeitung eines einheitlichen Konzeptes und Entwicklung eines professionellen Selbstverständnisses.**
  Auch für die Erarbeitung eines Pflegekonzeptes benötigt ein Team Gelegenheit und möglicherweise auch die Unterstützung eines Außenstehenden. Diskussionspunkte, die bearbeitet werden können, sind z.B.: Wie soll mit sturzgefährdeten Bewohnern umgegangen werden? Kann das Risiko toleriert werden oder ist eine Fixierung unumgänglich? Wie verhält sich das Team gegenüber unruhigen Bewohnern mit großem Bewegungsdrang? Ist eine Sedierung sinnvoll oder gibt es alternative Möglichkeiten? Eine Supervision kann dazu beitragen, einen Konsens in einem Team zu finden, der geeignet ist, vermeidbare Beeinträchtigungen der Lebensqualität alter Menschen soweit wie möglich zu vermindern.

- **Gruppendynamische Probleme im Team.**
  Wie wichtig ein kooperatives Team für die Pflegequalität und die Gewaltprophylaxe ist, wurde in der vorliegenden Arbeit deutlich. Unzufriedenheit mit den hierarchischen Strukturen, Antipathien und Grüppchenbildung innerhalb eines Teams können zu persönlichen Kränkungen und Aggressionen führen, die Gewalt im pflegerischen Umgang begünstigen. Andersherum kann der von den Schülern geforderte Teamgeist und das „An-Einem-Strang-Ziehen" das Klima im Pflegeteam günstig beeinflussen, so dass ein freundlicher und wertschätzender Umgang entsteht, der sich auch auf die Beziehung zu den Pflegebedürftigen positiv auswirkt. Außerdem ist ein kooperatives Team eine wichtige Voraussetzung, um eine hohe Personalfluktuation zu vermeiden. Zur „Pflege der Pflegenden" kann Supervision einen guten Beitrag leisten.

- **Kooperationsprobleme im Team.**
  Die Zusammenarbeit der Mitarbeiter kann auch auf formaler Ebene gestört sein. Fragen zu Entscheidungs- und Informationsprozessen, Arbeitsteilung, Verantwortung und Kontrolle müssen transparent und zufriedenstellend gelöst und geklärt werden. Auch hierbei kann eine Supervision hilfreich sein, damit das Team nicht sich selbst überlassen bleibt, sondern konstruktive und professionelle Strukturen ausbildet, die sich letztlich positiv auf die Pflegequalität auswirken.

- **Schwierigkeiten zwischen dem Team und der übergeordneten Organisation.** Grundsätzlich ist eine effektive Zusammenarbeit zwischen den verantwortlichen übergeordneten Organisationen, wie z.B. Pflegedienstleitung und Heimleitung, und dem Team unerlässlich. Auseinandersetzungen z.b. in konzeptioneller Hinsicht, bei ökonomischen Fragen, Fragen des Personaleinsatzes und dergleichen müssen in einer Art und Weise geklärt werden, die den bestmöglichen Kompromiss akzeptabel machen. Ein Supervisor kann dabei unterstützen, Schwierigkeiten zu benennen, konkrete Anregungen und Wünsche aufzuzeigen und Veränderungsmöglichkeiten auszuloten. Damit kann ein Beitrag geleistet werden für ein Arbeitsklima, in dem das von den Schülern für so wichtig erachtete Miteinander der Verantwortungsebenen entsteht. In einem immanenten Sinne kann dies als Beitrag zu weniger Gewalt gewertet werden.

7. Schlussbemerkung

Die Palette der Möglichkeiten, präventiv gegen Gewalt in der Pflege alter Menschen tätig zu werden, ist groß und mit diesen Vorschlägen für die Ausbildung sicher auch nicht erschöpft. Meines Erachtens ist für die Diskussion, wie Gewalt in der Pflege begegnet werden kann, eine umfassende Betrachtung von Entstehungs- und Bedingungsfaktoren notwendig. Die Erörterung geeigneter Präventivmaßnahmen darf sich nicht auf einfache Schlagwörter wie „mehr Geld", „mehr Pflegekräfte" und „mehr Zeit" beschränken. Ein weiteres Problem ergibt sich daraus, dass die gegenwärtigen Debatten um mögliche präventive Maßnahmen in der Regel isoliert auf die theoretisch-kognitive Erörterung des Phänomens Gewalt beschränkt bleiben. Aus der Diskussion eines Themas allein entsteht aber noch keine Handlungskompetenz in schwierigen Situationen. Für die Ausbildung erscheint es mir deshalb sinnvoll, über die explizite Behandlung des Themas hinaus die aufgeführten Gesichtspunkte in ein Ausbildungskonzept zu übernehmen und konkret im Lehrplan zu verankern. Mit diesem aufwändigeren Ansatz kann langfristig dazu beigetragen werden, dass die neu ausgebildeten Altenpfleger neben dem Wissen um Gewalt in der Pflege auch über vielfältige Handlungskompetenzen verfügen, die geeignet sind, die Pflegebeziehung und den Pflegeprozess gewaltfreier zu gestalten. Eine umfassende Sensibilisierung gegenüber vermeidbaren Beeinträchtigungen alter Menschen kombiniert mit einem brauchbaren „Handwerkszeug", wie eine Schülerin formuliert, kann auf Dauer die Pflegequalität und die Lebensumstände von alten Menschen in Einrichtungen der stationären Altenpflege verbessern helfen. Die Ausbildung kann dazu eine gute Basis legen. Die Arbeit gegen Gewalt in der Pflege muss aber in der alltäglichen Pflegepraxis fortgesetzt werden. Die Schlussfolgerungen, die über den Lehrplan hinausgehen, zeigen einige Perspektiven auf, wo Ansatzmöglichkeiten gegen Gewalt in der Altenpflege gesucht werden können.

Literatur:

Bundesministerium für Familie, Senioren, Frauen und Jugend: Vierter Bericht zur Lage der älteren Generation; 2002

Dieck, M.: Gewalt gegen ältere Menschen im familiären Kontext – Ein Thema der Forschung, der Praxis und der öffentlichen Information; Zeitschrift für Gerontologie, Jg. 20, 5/1987

Fenchel, V.: Die Ausbildungssituation in der Altenpflege, in: A. Zimber, S. Weyer (Hrsg.): Arbeitsbelastungen in der Altenpflege; Göttingen, Verlag für angewandte Psychologie, 1999

Galtung, J.: Strukturelle Gewalt. Beiträge zur Friedens- und Konfliktforschung; Reinbek: Rowolth 1975

Galtung, J.: Kulturelle Gewalt. In: Landeszentrale für politische Bildung BW (Hrsg.), Aggression und Gewalt. Stuttgart: Kohlhammer 1993, S.52-73.

Goergen, Th.: Befunde zweier empirischer Forschungsprojekte zur Opferwerdung älterer Menschen. In R. Egg. & E. Minthe (Hrsg.) Opfer von Straftaten: kriminologische, rechtliche und praktische Aspekte (179-193). Wiesbaden: Kriminologische Zentralstelle 2003

Grond, E.: Psychisch veränderte Menschen im Altenheim. In A. Kruse, H.-W. Wahl (Hrsg.): Altern und Wohnen im Heim: Endstation oder Lebensort. Bern: Huber 1994

Hirsch, R.D.: Aggression und Gewalt. In H.P.J. Buijssen, R.D.Hirsch (Hrsg.): Probleme im Alter. Diagnose, Beratung, Therapie, Prävention. Beltz PVU, Weinheim 1997

Hirsch, R.D., Erkens, F. (Hrsg.): Wege aus der Gewalt. Notruftelefone, Beschwerdestellen, Krisenberatungs- und Interventionsangebote für alte Menschen und deren Helfer in der Bundesrepublik Deutschland. Bonner Schriftenreihe „Gewalt im Alter", Band 5, Chudeck-Druck, Bornheim-Sechtem 1999.

Hirsch, R.D., Bruder, J., Radebold, H. (Hrsg.): Aggression im Alter; Bonner Schriftenreihe „Gewalt im Alter", Band 7; Bonn 2000

Hirsch, R.D.: Prävention und Intervention gegen Gewalt bei alten Menschen in Einrichtungen: Überarbeitetes Manuskript zum Gespräch am 11. Mai 2000 im *Ausschuss für Menschenrechte und Humanitäre Hilfe* des Deutschen Bundestags in Berlin; Bonner Initiative gegen Gewalt im Alter ev., Bonn, 2001

Knobling, C.: Konfliktsituationen im Altenheim; 2. Auflage, Lambertus Verlag, Freiburg im Breisgau, 1988

Kranich, M.: Aggressions- und Gewaltphänomene in der Altenarbeit; Bonner Schriftenreihe „Gewalt im Alter", Band 1; Bonn 1998

Kranich, M.: Aggression und Gewalt im Alter, in: R.D. Hirsch, J.Bruder, H. Radebold (Hrsg.): Aggression im Alter; Bonner Schriftenreihe „Gewalt im Alter", Band 7; Bonn 2000

Kruse,A., Kröhn, R., Lengerhans, G., Schneider, C.: Konflikt- und Belastungssituationen in stationären Einrichtungen der Altenhilfe und Möglichkeiten ihrer Bewältigung; Band 2 Schriftenreihe des Bundesministeriums für Familie und Senioren; Kohlhammer, 1992

Kruse, A., Schmitt, E.: Konfliktsituationen in Alten- und Pflegeheimen. In: A. Zimber, S. Weyer (Hrsg.): Arbeitsbelastungen in der Altenpflege; Göttingen, Verlag für angewandte Psychologie, 1999

Meyer, M.: Gewalt gegen alte Menschen in Pflegeeinrichtungen; Huber, Bern 1998

Meyers großes Taschenlexikon, 2. Auflage, 1987

Ministerium für Arbeit, Gesundheit und Soziales des Landes Schleswig-Holstein (Hrsg.): „Gleich nehme ich ihr die Klingel weg..." Übergriffe, Vernachlässigung und Misshandlung – Gewalt als Thema in der Pflege. Eine Arbeitshilfe für die Aus-, Fort- und Weiterbildung. Kiel, 2000

Müller-Hergl, Ch.: Positive Personenarbeit und DCM, 2002 gefunden: www. dcm-deutschland.de/literatur/Positive Personenarbeit und DCM.pdf (Mai 2004)

Petzold, H., Petzold, Ch.: Bedrohte Lebenswelten – Überforderung, Burnout und Gewalt in Heimen. In: Ch. Petzold, H. Petzold (Hrsg.): Lebenswelten alter Menschen; Vincentz Verlag, Hannover 1992

Rappe- Giesecke, K.: Vom Beratungsanliegen zur Beratungs-vereinbarung-Diagnose und Setting, in: H. Pühl (Hrsg.): Handbuch der Supervision 2, 2. Auflage , Edition Marhold, 2000

Ruthemann, U.: Aggression und Gewalt im Altenheim: Verständnishilfen und Lösungswege für die Praxis; Basel, Recom, 1993

Schulordnung für die Berufsschulen für Krankenpflege, Kinderkrankenpflege, Altenpflege, Krankenpflegehilfe, Altenpflegehilfe und Hebammen (Berufsfachschulordnung Pflegeberufe – BFSO Pflege) zuletzt geändert durch Verordnung vom 30. Oktober 2003, herausgegeben vom Bayerischen Staatsministerium für Unterricht und Kultus.

Sowinski, Ch., Behr, R.: Bundeseinheitliche Altenpflegeausbildung, Materialien für die Umsetzung der Stundentafel; Kuratorium der Deutschen Altershilfe (Hrsg.), Köln, 2002

Staatsinstitut für Schulpädagogik und Bildungsforschung: Lehrplan für die Fachschulen für Altenpflege, München, 2000

Staatsinstitut für Schulpädagogik und Bildungsforschung: Vorläufige Lehrplanrichtlinien für die Berufsfachschule für Altenpflege, München, Juli 2003

Weyerer,S., Schäufele, M.: Epidemiologie körperlicher und psychischer Beeinträchtigungen im Alter. In: A. Zimber, S. Weyer (Hrsg.): Arbeitsbelastungen in der Altenpflege; Göttingen, Verlag für angewandte Psychologie, 1999

Anhang

Bitte beantworten Sie die Fragen spontan und ohne lange nachzudenken.
Ihre Antworten werden anonym statistisch ausgewertet.

Angaben zur Person:
Männlich ☐   Weiblich ☐   Alter _____
Im Pflegedienst seit _____ Jahren

Es wird sehr unterschiedlich diskutiert, ob bestimmte Handlungen überhaupt als Gewalt bezeichnet werden können. Was denken **Sie** ?
Sind folgende Handlungen überhaupt Gewalt-Handlungen und wenn ja, wie schwerwiegend schätzen Sie sie ein.

(0 = keine Gewalt, 1= am wenigsten schwerwiegend;
6 = am schwerwiegendsten)

Handlung	0	1	2	3	4	5	6
Bewohner anschreien							
Bewohner absichtlich ignorieren							
Bewohner zurückweisen							
Bewohner nicht rechtzeitig umlagern							
Bewohner nicht rasieren							
Bewohner beschimpfen							
Bewohner auf Hilfe warten lassen							
Bewohner aus arbeitsökonomischen Gründen Windeln anlegen							
Schamgefühle von Bewohnern verletzen							
Bewohner auf der Toilette warten lassen							
Bewohner nicht aus dem Bett holen							
Bewohner nicht ins Freie bringen							

Missachten der Privatsphäre von Bewohnern							
Bewohner nicht waschen							
Bewohner absichtlich ärgern							
Bewohner aus arbeitsökonomischen Gründen fixieren							
Bewohner aus arbeitsökonomischen Gründen festhalten							
Bewohner verbal bedrohen							
Bett- oder Leibwäsche von Bewohnern nicht wechseln							
Bewohnern aus arbeitsökonomischen Gründen „Bedarfs-Psychopharmaka" geben							
Bewohner falsch über Medikamente informieren							
Bewohner verbal beleidigen							
Bewohner durch grobes Anfassen Hämatome zufügen							
Diät von Bewohnern missachten							
Gerüchte über Bewohner verbreiten							

Waren Sie selbst schon einmal an den folgenden Handlungen beteiligt oder haben Sie sie bei anderen Pflegekräften beobachtet?

Handlung	Ja	Nein
Bewohner anschreien		
Bewohner absichtlich ignorieren		
Bewohner zurückweisen		
Bewohner nicht rechtzeitig umlagern		
Bewohner nicht rasieren		
Bewohner beschimpfen		
Bewohner auf Hilfe warten lassen		
Bewohner aus arbeitsökonomischen Gründen Windeln anlegen		
Schamgefühle von Bewohnern verletzen		
Bewohner auf der Toilette warten lassen		
Bewohner nicht aus dem Bett holen		
Bewohner nicht ins Freie bringen		
Missachten der Privatsphäre von Bewohnern		
Bewohner nicht waschen		
Bewohner absichtlich ärgern		
Bewohner aus arbeitsökonomischen Gründen fixieren		
Bewohner aus arbeitsökonomischen Gründen festhalten		
Bewohner verbal bedrohen		
Bett- oder Leibwäsche von Bewohnern nicht wechseln		
Bewohnern aus arbeitsökonomischen Gründen „Bedarfs-Psychopharmaka" geben		
Bewohner falsch über Medikamente informieren		
Bewohner verbal beleidigen		
Bewohner durch grobes Anfassen Hämatome zufügen		
Diät von Bewohnern missachten		
Gerüchte über Bewohner verbreiten		

Wo sehen Sie wichtige Ursachen für Gewalthandlungen in der
Pflege?
Bitte schätzen Sie ein, wie stark folgende Bedingungen zu Gewalt in
der Pflege beitragen.

0 bedeutet: trägt gar nicht bei; 4 bedeutet: trägt sehr stark bei

Strukturelle Bedingungen	0	1	2	3	4
Zuwenig Personal auf der Station					
Zuviel gering qualifiziertes Personal					
Ungünstige Dienstpläne					
Zuwenig Zeit für den einzelnen Bewohner					
Zuwenig Fachwissen über gerontopsychiatrische Krankheitsbilder					
Mangelhaftes Fortbildungsangebot					
Team					
Uneinigkeit im Team					
Kein einheitliches Konzept					
Zuwenig Austausch über den Bewohner					
Ungerechte Arbeitsverteilung					
Unzureichende Mitarbeiterkontrolle durch Heimleitung					

Persönliche Faktoren					
Pflegekraft ist überlastet					
Pflegekraft verliert die Nerven					
Mangelnde Konfliktbe- wältigungskompetenzen der Pflegekraft					
Pflegekraft ist für den Beruf ungeeignet					
Private Probleme der Pflegekraft					
Bewohner					
Bewohner ist besonders schwierig					
Bewohner ist geistig verwirrt					
Bewohner hat die Pflegekraft zuvor provoziert					
Bewohner ist besonders hilflos					
Bewohner ist inkontinent					

Blicken Sie auf ihre Ausbildung zurück.
Welche Ausbildungsinhalte halten **Sie** für besonders wichtig und
geeignet, Gewalthandlungen in der Pflege abzubauen?

0 bedeutet: gar nicht wichtig; 4 bedeutet: sehr wichtig

Ausbildungsinhalte	0	1	2	3	4
Verständnis psychologischer Zusammenhänge					
Wissen über körperliche Krankheitsbilder					
Verständnis für biographische und soziale Zusammenhänge					
Wissen über gerontopsychiatrische Krankheitsbilder					
Auseinandersetzung mit Pflegemodellen und Pflegetheorien					
Reflexion des eigenen pflegerischen Handelns					
Praktische Erfahrungen im Umgang mit den Bewohnern					
Praktische Übung in Kommunikation und Gesprächsführung					
Praktische Pflegekonzepte für psychisch veränderte Bewohner					
Praktische Möglichkeiten der Lebensraum- und Lebenszeit-Gestaltung					

Was hilft **Ihnen** persönlich am meisten, Gewalt in der Pflege zu vermeiden?

_____

_____

_____

_____

_____

_____

_____

_____

_____

Stellen Sie sich vor, Sie hätten die Möglichkeit an einem neuen Lehrplan für die Altenpflegeausbildung mitzuarbeiten. Was sollte unbedingt in Bezug auf Vermeidung von Gewalt aufgenommen werden?

_____

_____

_____

_____

_____

_____

_____

_____

_____

Denken Sie an Ihren Ausbildungsplatz in der Praxis. Welche allgemeinen Maßnahmen halten Sie in Bezug auf Vermeidung von Gewalt für sinnvoll, was wünschen Sie sich?

_____

_____

_____

_____

_____

_____

_____

_____

_____

Bonner Schriftenreihe „Gewalt im Alter"
Hrsg.: Hirsch, R. D., Halfen, M. & Flötgen, P.

Band 0: Gewalt gegen alte Menschen
Hrsg.: Hirsch, R.D., Vollhardt, B.R. & Erkens, F. (2. Aufl. 1998)
82 Seiten, Tab. & Abb., 10 Euro

Band 1: Aggressions- und Gewaltphänomene in der Altenarbeit
Kranich, M. (1998)
76 Seiten, Tab. & Abb., 10 Euro, z.Zt. vergriffen

Band 2: Untersuchungen zur Gewalt gegen alte Menschen: Bonner HsM-Studie, Versorgung von Pflegeabhängigen, Ergebnisse der Podiumsdiskussion „Was sind uns die Alten wert?"
Hrsg.: Hirsch, R.D., Kranzhoff, E.U. & Schiffhorst, G. (1999)
235 Seiten, Tab. & Abb., 12 Euro, z. Zt. vergriffen

Band 3: Prävention von Gewalt gegen alte Menschen: Im häuslichen Bereich und in Einrichtungen
Hrsg.: Hirsch, R.D. & Kranzhoff, E.U. (1999)
228 Seiten, Tab. & Abb., 12 Euro

Band 4: Gewalt gegen pflegebedürftige alte Menschen: Gegen das Schweigen- Berichte von Betroffenen -
Hrsg.: Hirsch, R.D. & Fussek C. (3. Aufl. 2001)
408 Seiten,12 Euro

Band 5: Wege aus der Gewalt: Notruftelefone, Beschwerdestellen, Krisenberatungs- und interventionsangebote für alte Menschen und Helfer in der BRD
Hrsg.: Hirsch, R.D. & Erkens, F. (1999)
98 Seiten, Tab. & Abb., 10 Euro, Neuauflage in Vorbereitung

Band 6: Gewalt gegen alte Menschen in der Familie
Brendebach, C. M. (2000)
132 Seiten, Tab. & Abb., 12 Euro

Band 7: **Aggression im Alter**
Hrsg.: Hirsch, R.D., Bruder, J. & Radebold H. (2000)
261 Seiten,Tab. & Abb., 15 Euro

Band 8 **Lebensqualität in der Pflege: Garantiert durch neue Gesetze?**
Hrsg.: Hirsch, R.D. & Unger D. (2002)
152 Seiten, Tab. & Abb., 12 Euro

Band 9 **Anspruch und Realität der rechtlichen Betreuung: Problemdarstellung und Berichte von Betroffenen**
Hrsg.: Hirsch, R.D. & Halfen, M. (2003)
493 Seiten, Tab. & Abb., 15 Euro

Band 10 **Handeln statt Misshandeln: Rückblick-Entwicklung-Aktivitäten 1997-2002**
Hrsg.: Hirsch,R.D., Erkens,F., Flötgen, P., Frießner, K., Halfen, M., Vollhardt, B. (2002)
139 Seiten, Tab. & Abb., 12 Euro

Band 11 **Gewalt in stationären Einrichtungen der Altenhilfe**
-Ansätze sozialpädagogischer Prävention und Intervention-
Buchinger, S.M. (2004)
170 Seiten, Tab. & Abb., 12 Euro

Band 12 **Möglichkeiten zur Gewaltprävention in der Altenpflege**
Eine Herausforderung für die Ausbildung
Brandl, K. (2005)
107 Seiten, Tab. & Abb., 12 Euro

Bestellungen bitte an:

HsM – Bonner Initiative gegen Gewalt im Alter e.V. –
Goetheallee 51, D-53225 Bonn
Tel.: 0228 / 63 63 22, Fax: 0228 / 63 63 31
e-m@il: info@hsm-bonn.de - www.hsm-bonn.de

oder

Mabuse Verlag

Kasseler Str. 1a, 60486 Frankfurt a. Main
Tel. 069-70 79 96-16, Fax 069-70 41 52
e-m@il: buchversand@mabuse-verlag.de
www.mabuse-verlag.de

Möglichkeiten zur
Gewaltpräv

9783938304273.3

Möglichkeiten zur Gewaltpräv
Bonner Schriftenreihe "Gewalt
Preis € 12,00 [D]
ISBN-13 978-3-938304-27-3

9 783938 304273